eビジネス新書

No.375

週刊東洋経済

郵政崩壊

成長 … 落第点

週刊東洋経済 eビジネス新書　No.375

郵政崩壊

本書は、東洋経済新報社刊『週刊東洋経済』２０２１年2月１３日号より抜粋、加筆修正のうえ制作しています。情報は底本編集当時のものです。（標準読了時間　１００分）

郵政崩壊　目次

・成長戦略もガバナンスも落第点……1
・郵政崩壊の「A級戦犯」……16
・「お詫び行脚」も掛け声倒れ……23
・ゆうちょ銀行　セキュリティーが甘く被害が続出……29
・地銀再編構想にも悪影響……34
・【覆面座談会】郵便局は職場崩壊している……38
・郵便局で多発する横領・窃取……50
・総務省OB・全特・官邸　複雑すぎて統治不能に……55
・全特　狙うは局の再国営化？……61
・INTERVIEW「公益性重視しつつ稼げる組織に」（柘植芳文）……66
・民営化後も続く「天下り」……70
・「御用組合」は変われるか……77

・「国有民営」の中途半端な経営……84
・成長期待の物流も難題多い……91
・眠る不動産「2・7兆円」の行方……98
・INTERVIEW　ＪＰ改革実行委員会委員・野村修也……105
・「役所体質」が抜けていない……105

不祥事が続出

成長戦略もガバナンスも落第点

日本郵政グループの社員から怨嗟（えんさ）の声が絶えない。

「この1年半、営業手当がなく基本給のみ。54歳の私の手取り年収は320万円。ローンの支払いも滞っている」（東北の郵便局員）

2019年6月には、郵政傘下のかんぽ生命保険の不適正募集が発覚した。直後の7月から保険販売の営業を自粛し、いまだに積極的な勧誘はできない。そのため多くの郵便局員は保険販売の営業手当のない状態が続いている。

20年10月から顧客への「お詫び行脚」を始めているが、これがさらに社内の雰囲気を悪くしている。「不適正募集をした当事者である先輩は、客との接触が禁じられているので若手だけでお詫び行脚をさせられている。とても回りきれず辞めていく若手も多い」（東京＝社員の属する郵便局の支社名、以下同じ）。「誰もお詫び行脚に行かない。職場崩壊だ」（東海）とも。

経営陣への不満続出

再生を期して２０年初めに就任した増田寛也・郵政社長の評判もよくない。「保険販売を担当していた渉外社員全般をゴミ扱いしている。日本郵政グループの社長の器ではない」（北海道）。「『バッドニュースこそ上げてくれ』なんて格好のいいことを言っておきながら現場の声を聞いていない」（東北）。「地方創生とか、儲けを生まないことばかり口にする。会社をボランティア団体にしたいのか。先が見えない」（中国）。

識者の見方も厳しい。「増田社長の経営理念は何か。就任から1年経っても見えてこない。『お客様本位』と、どの経営者も使うありきたりな言葉を発したのみだ」（郵政問題に詳しい田尻嗣夫・東京国際大学名誉教授）。

郵政独特の多重統治にも社員の不満が募る。郵政の経営には、政治家、官僚ＯＢ、全特（旧・全国特定郵便局長会、現・全国郵便局長会）の元幹部らが影響を与えてきた。「経営陣は全特への忖度を繰り返し、誰が本当のトップかわからない」（東海）。「経営の中枢に近い外部の人たちが好き放題やり、それが不祥事の温床になっている」（東京）。「政治家や全特の思惑が働いて経営の自由度が低くなり、現場に無理が生じている」（東北）。現場が崩れ落ちそうな中、郵政は再生できるのか。

特異な企業組織

増田社長は2020年1月の就任初日、約40万人の郵政グループ社員に呼びかけた。「グループ全社にとって創立以来最大の危機だ」。

かんぽの不適正募集発覚から半年後の19年12月に郵政、かんぽ、日本郵便の3社長が同時辞任した。「誰も火中の栗は拾いたがらない」と言われ、人選の難航が伝えられる中、首相官邸主導で就任したのが元総務相の増田氏だった。かんぽや日本郵便の社長は、旧郵政省出身のプロパーが昇格した。

不祥事でトップ大幅刷新

2020年1月6日の就任初日に全社員へ語りかけた

長門氏は2019年9月、横山氏は同12月に辞任を覚悟したという

元総務事務次官で日本郵政でも強大な力を持っていた

（注）■色の字は出身母体

郵政グループは極めて特異な企業組織だ。

まず筆頭株主は財務相すなわち日本政府である。国が過半の株を保有する「国有民営」企業だ。郵政の歴代社長は国が決めてきた。

一方で、監督官庁である総務省からの天下りＯＢも受け入れてきた。元事務次官級の大物ＯＢは、社長よりも発言力を持ってきた。

■政府が過半を出資

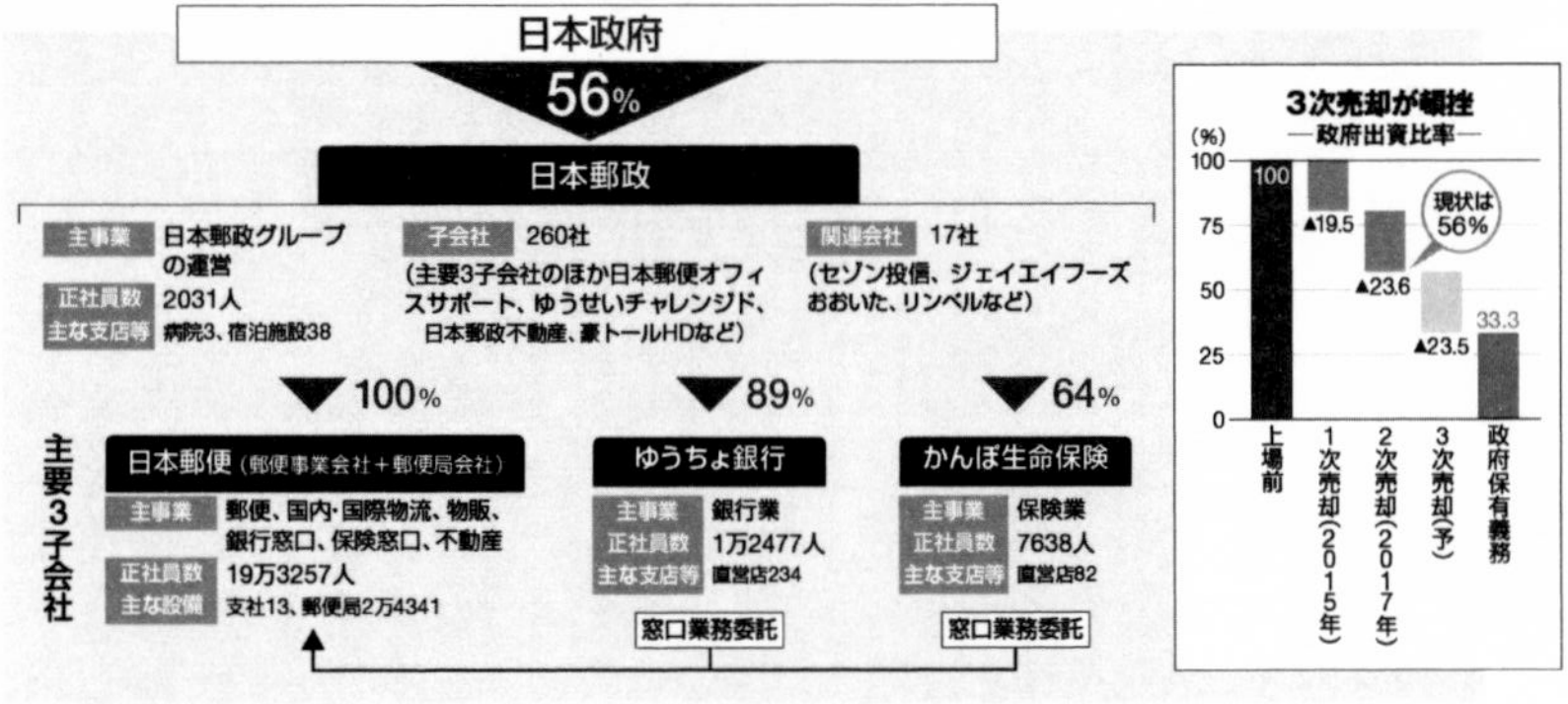

(注)2020年3月末時点。宿泊施設数は20年5月1日時点。%は出資比率。関連会社は持ち分法適用関連会社。HDはホールディングスの略。▲はマイナス
(出所)郵政民営化委員会に総務省が提出した「総務省の取組について」(2021年1月19日)や有価証券報告書を基に本誌作成

さらに郵便局長たちの組織である全特も影響力を持つ。約150年前に郵便ネットワークを構築したときの名残で、各地の名士が局長に就いている。各都道府県の局長会は、局員の出世や転勤ばかりではなく、支社長人事にも影響力を持つ。「全国各地の郵便局長や支社幹部は会社よりも全特を見て仕事をしている」(ある社員)。

国による株の保有や売却が法的に決められているのも、普通の民間企業と異なる。国は郵政の3分の1超の株を持ち続けることになっている。郵政は日本郵便の全株を保有し続ける一方、ゆうちょやかんぽは今後の全株売却が義務だ。

15年に郵政、ゆうちょ、かんぽの3社が同時に上場。国は郵政株を売却してきた。だが、19年半ばのかんぽ不祥事で第3次売却は頓挫。郵政はゆうちょやかんぽの株の過半を持ち続けたままだ。

郵政3社の株を高値で売却するには成長ストーリーが必要だ。しかし、過去の成長戦略はいずれも失敗している。もはや全国2・4万局の郵便局網を使い倒すくらいしか手は残されていない。それには現場の頑張りが欠かせない。

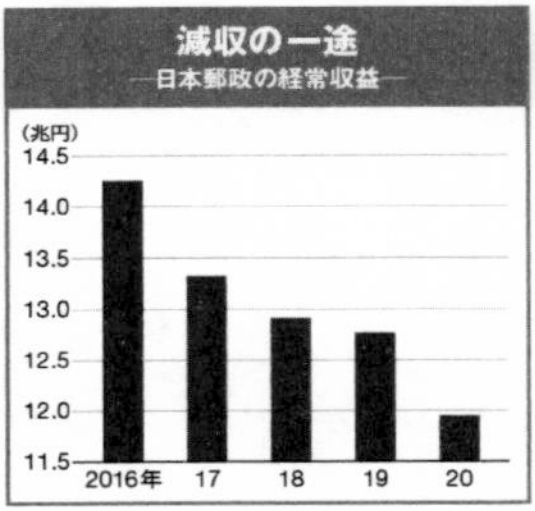
減収の一途
―日本郵政の経常収益―
(兆円)
14.5
14.0
13.5
13.0
12.5
12.0
11.5
2016年
17
18
19
20

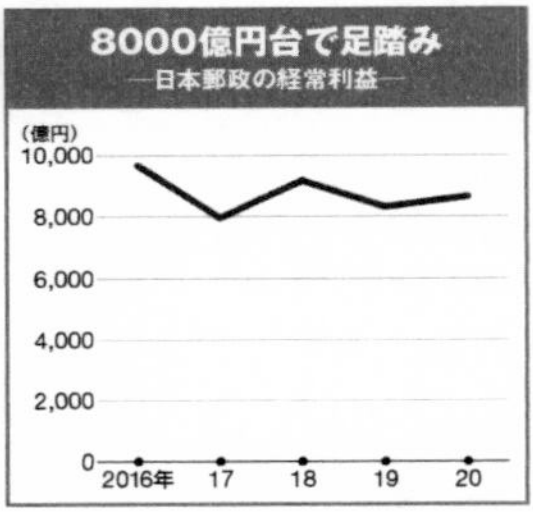
8000億円台で足踏み
―日本郵政の経常利益―
(億円)
10,000
8,000
6,000
4,000
2,000
0
2016年
17
18
19
20

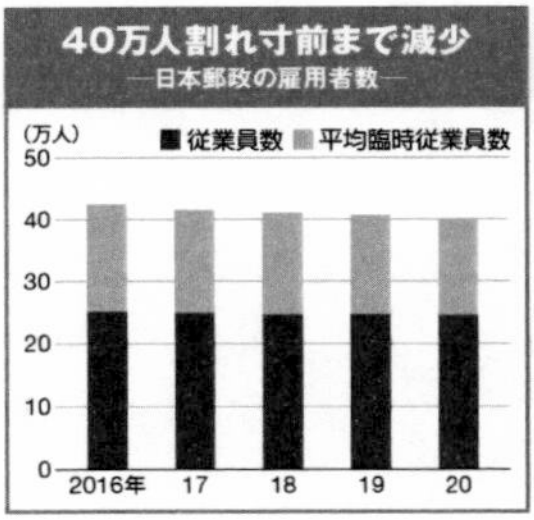
40万人割れ寸前まで減少
―日本郵政の雇用者数―
(万人)
従業員数
平均臨時従業員数
50
40
30
20
10
0
2016年
17
18
19
20

大半が日本郵便
―主要4社従業員21.5万人の内訳―
日本郵政 2031人
かんぽ 7638人
ゆうちょ
1万2477人
日本郵便
19万3257人
(注)2020年3月末時点

ところが社員の士気は下がる一方だ。かんぽの不適正募集で「処分は現場社員に重すぎる。不適正な募集のやり方を教え、無理なノルマで不適正募集に追い込んだ上司には軽い」（ある社員）からだ。不公平感が現場に蔓延している。

２０年１１月末までの処分では、懲戒解雇が現場社員２５人に対し幹部はゼロ。懲戒解雇・停職・減給の合計は現場社員が５６９人なのに本社・支社はゼロだ。

荒若仁・日本郵便執行役員は「（不適正募集の）最大の要因は会社の方針。新規獲得の旗を振っていた」と認める。無理を強いた研修資料も多数ある。

調査進捗の5カ月で倍以上に

―違反疑い事案件数―

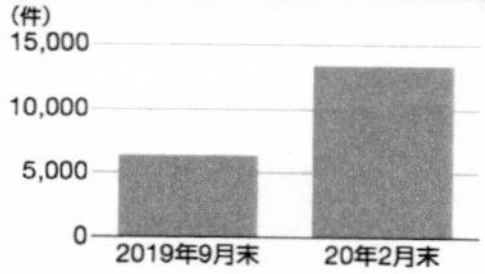

(出所)特別調査委員会「かんぽ生命保険契約問題　追加報告書」(2020年3月26日)

窓口社員も1割強

―不祥事件・不祥事故事案に占める割合―

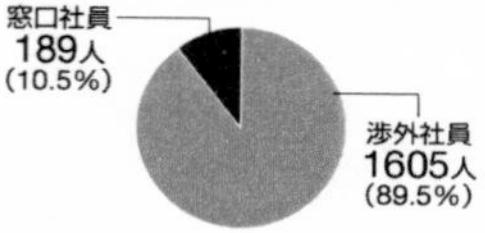

(注)人数ベース。件数ベースでは渉外社員は9割強　(出所)特別調査委員会「かんぽ生命保険契約問題　追加報告書」(2020年3月26日)

厳罰は現場社員のみ ―不適正募集の処分状況―

	募集人(現場社員)	郵便局長・部長	本社・支社	
			日本郵便	かんぽ
懲戒解雇	**25**	**0**	**0**	**0**
停　職	**13**	**2**	**0**	**0**
減　給	531	1	0	0
戒　告	594	50	46	21
訓　戒	7	298	117	67
注　意	3	148	80	35
合計	**1,173**	**499**	**243**	**123**

(注)2020年11月30日時点。本社・支社のうち日本郵便は本社部長や支社長副支社長、支社の本部長・部長、かんぽは本社部長やエリア本部長、企画役、支店長で、出向による重複者27人を含む
(出所)日本郵政ニュースリリース「かんぽ生命保険商品の募集に係る問題における人事処分(別紙)」(2020年7月29日)や「募集人及び当時の管理者に対する処分状況(別紙)」(20年12月14日)を基に本誌作成

持続性が乏しい

日本郵政グループ労働組合（JP労組）は2月4～5日の定期全国大会で、「これまでと同じことだけを続けていると日本郵政グループの持続性は乏しい」と強い危機感を訴えた。

危機感の背景には郵政グループを支えてきた屋台骨・金融2社の急悪化がある。郵便局の経営はかんぽ・ゆうちょからの販売代行手数料収入で成り立っている。だから金融2社の悪化は郵便局を危うくする。郵便局を金融2社が支えるビジネスモデルはもはや崩壊しつつあるのだ。

ジリ貧の現状に労組も悲鳴

(出所)2020年12月28日付「JP労組新聞(号外)」を基に本誌作成

ＪＰ労組はあたかも経営陣のような改革案を示した。全国に２・４万局あるから、1局当たり年１０００万円収益を改善すれば年２４００億円利益が増えるという。

だが２・４万局は幻想だ。局長のなり手がいなくて一時閉鎖となっている簡易郵便局が増加の一途で、実態はすでに２・４万局を割っている。局ごとの改善も容易ではない。「局長と局員1人だけの『2人局』に大幅な改善を求めるのは酷」（ある社員）だ。

それよりも赤字局を整理したほうが実効性は高い。「過疎地よりも都心部の旧特定局のほうが赤字額は大きい。都心部から整理していくべきだ」（ある郵政元幹部）。

郵政と日本郵便には、あまねく利用できるように、というユニバーサルサービスの義務が課され、郵便局の閉鎖は容易ではない。とはいえ都心には郵便局が多く、小規模局を閉鎖してもサービスは維持できるはずだ。

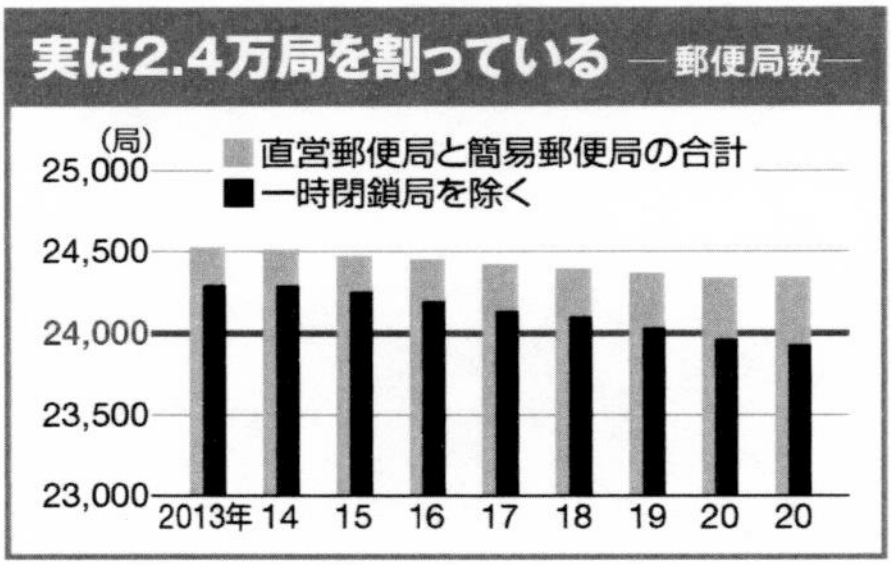

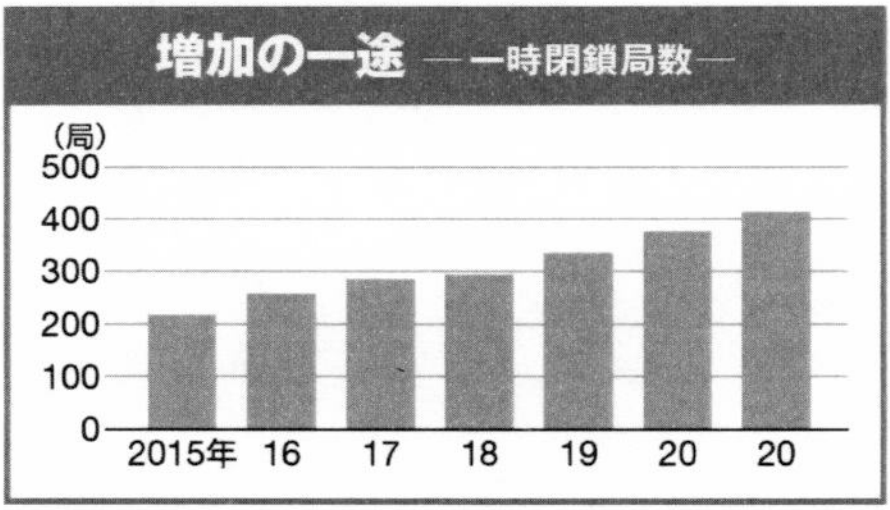

(注)各3月末、2020年は3月末と11月末。直営郵便局と簡易郵便局の合計には分室・一時閉鎖局を含む。一時閉鎖局は受託者の都合などにより5日間以上閉鎖している郵便局
(出所)2021年1月19日の郵政民営化委員会資料を基に本誌作成

赤字局を整理するには、全特などによる多重統治に斬り込む覚悟が求められる。増田社長は就任時に「愚直にやるべきことをやる」ことを社員に求めた。それは自身にも当てはまることだ。問題を先送りすれば郵政崩壊が現実味を帯びてくる。

（山田雄一郎）

郵政崩壊の「A級戦犯」

相次ぐ不祥事を制御しきれず、日本郵政グループは崩壊しかねない状況にある。そのような危機を招いた「A級戦犯」は誰なのか。郵政グループの現役社員たち数十人に尋ねると、最も多く挙がってきた名前は4代目社長の西室泰三（元東芝社長）だった。

海外M&Aで大こけ

西室は2015年に国際宅配便大手・豪トールホールディングスを6200億円で買収した。海外M&A（合併・買収）は国際派・西室の十八番だ。東芝相談役時代、当時の東芝社長だった西田厚聰と、米原子力関連企業の買収を手がけた。西室と同様、西田も国際派で、西田は西室の子飼いだった。

同年11月の東証1部上場を間近に控えた西室は、成長ストーリーに飢えていた。国内外の投資家に説明して回るロードショーの際に、説得力のある成長戦略を語る必要に迫られていたからだ。そこに舞い込んできたのがトール社の買収話だった。

当時の西室は「日本郵政は世界をリードする物流企業。アジア太平洋で最大級のトール社との組み合わせは強力」と説いて回った。

ところがトール社は買収から2年も経たずに火を噴く。トール社買収で計上したのれんや商標権の全額、有形固定資産の一部を減損し、17年3月期に4003億円の損失を計上した。2007年の民営化後で初の最終赤字に転落した。

買収当時の西室は「失敗したら責任を取る」とたんかを切っていた。だが、トール社が火を噴く前の16年に緊急入院。病状はよくならず同年に社長を退任した。海外物流でばら色の成長戦略を描きながら、その実現を果たすことなく、17年10月に死去した。

会計検査院は「平成28年度決算検査報告〔第3〕日本郵便株式会社によるオーストラリアの総合物流企業の株式取得について」で、トール買収の決定に当たっては、もっと議論したうえで判断する必要があったと指摘している。経営会議を開催せずに社長（=西室）が決裁し、取締役全員から同意書面を取り、それを取締役会決議と見なしていた。経営会議や取締役会の議論は事後的に行われただけだった。

国内宅配便拡大策も頓挫

西室の次に社員から名前が多く挙がるのは、三井住友銀行の元頭取で郵政初代社長の西川善文だ。

西川は民営化後の成長シナリオとして、国内宅配便の規模拡大を目指した。2007年10月1日の郵政民営化から5日後の10月6日、日本通運との宅配便統合をぶち上げた。

郵政の「ゆうパック」と日通の「ペリカン便」を統合すれば、国内2強のヤマト運輸と佐川急便に伍していける。そんな成長シナリオだった。日通と共同出資でJPエクスプレス（JPEX）を2008年半ばに設立した。

ところが西川は土壇場ではしごを外される。「社員研修の準備が不足。取扱量の見込みも甘い」と総務省が統合認可を出さない。

宅配便の取扱量は統合前の2社合計よりも減り、統合を前提に両社から集められた人員の人件費負担も重くのしかかる。JPEXは巨額の赤字を垂れ流した。

旧民主党に政権交代し、社長が西川から元大蔵事務次官の斎藤次郎に代わっても総務省の認可は下りない。やむなく斎藤はJPEX解散を決定。設備や人員の多くを郵政側が引き取った。民営化の目玉だった同社は設立後2年余りの10年半ばに姿を消すことになった。

JPEX事業を含む赤字の郵便事業を12年に吸収させられた郵便局会社（現・日本郵便）は、債務超過寸前まで財務が悪化した。

「西川の経営判断ミスが原因なのに、元郵便局会社の社員も賞与を減らされた。かんぽ生命保険、ゆうちょ銀行の社員も同様。水準が戻ったのはつい最近だ」（ある社員）。

退任から10年以上経つのに、いまだに西川への怨嗟の声が根強いのは、ここに理由がある。西川は退任後、表舞台から姿を消し、20年9月に帰らぬ人となった。

「圧倒的努力」があだに

郵政に乗り込んで来た際、西川は旧住友銀行出身の4人の側近を連れてきた。当時「4人組」と称された一人が横山邦男（64）だ。

横山は西川の片腕として国内宅配便による成長戦略を主導したとされる。西川が失脚した際、横山は三井住友銀に帰った。常務を経て14年には投信運用子会社・三井住友アセットマネジメントの社長兼CEOに収まっていた。

ところが16年、突如として郵政に舞い戻る。肩書は日本郵便社長にして日本郵政取締役だ。横山が日本郵便社長に就任して以来、「現場では精神論が増えた」（別の社員）。横山は「圧倒的努力」という言葉を好んで用いた。

この言葉は営業現場で都合よく使われた。「圧倒的努力による多数訪問」「圧倒的努力による窓口での多数声かけ」など。「何が何でも営業するんだというヤレヤレ感が半端ではなかった。『圧倒的努力』は支社幹部や現場の局長にとって、社員に圧力をかけるのにちょうどいい言葉だった」（同）。

窓口社員にも営業圧力がかかった。「平日は残業してかんぽの外回り営業をしろ、週末も休日出勤して営業に回れと言われた。上司は口を開けば『かんぽ、かんぽ、かんぽ』。不平を言うと『嫌なら辞めろ』。局長たちの『いじめ研修』もあった」（窓口社員）。

この窓口社員には「歴代の日本郵便社長で郵便局長会に最も媚びていたのは横山」と映った。「局長の血縁が次の局長となる世襲が増え、局の現場では局長会の関係者が好き勝手やっていた」（同）。「局長会の関係者」とは全国の郵便局長からなる「全国郵便局長会（全特）」の関係者のことだ。

日本郵政は、「『圧倒的努力』という言葉は郵便局の社会的使命を果たすために全社員一丸となって取り組んでいくという趣旨であり、平日残業、週末出勤をして、かんぽの新規契約を進めた事実はありません」と、1年以上前に辞めた横山をかばう。だが、「事実」は現場にあり、営業実績を何が何でも上げるのをよしとする風潮が会社全体を覆っていたことは否定しようもない。横山はかんぽの保険契約拡大に郵政グループの成長を懸けた。

横山の掲げた「圧倒的努力」は、就任から3年後に、かんぽの不適正募集の大量発覚という結果をもたらした。その信用失墜の大きさや社員の嘆きに思いを致せば、「横山はA級を超えるS級の戦犯ではないか」（ある社員）とも。

6代目の現社長である増田寛也は今、成長戦略を策定中だ。5月公表の予定だが、その先出しとして20年11月に公表した「中期経営計画の基本的考え方」は「何を目指しているかさっぱりわからない」と、有識者からなるJP改革実行委員会から20年12月に猛批判を受けた。

海外物流、国内宅配便、かんぽと成長の夢がついえた今、何に活路を見いだすのか。6代目社長が新たな戦犯とならないことを祈るばかりだ。（敬称略）

（山田雄一郎）

「お詫び行脚」も掛け声倒れ

「お詫び行脚になんか、めったに行くもんでねぇ。やぶ蛇だもの。下手に行ったもんなら客からワーワー言われて契約を打ち切られるだけ。そしたら俺は会社から犯人扱いされて仕事ができなくなる。行くだけ無駄だ」。東北の郵便局員はそう打ち明ける。

日本郵便の郵便局員は2020年10月からお詫び行脚をしている。19年6月、かんぽ生命保険の商品を郵便局員が不適正募集していたことが発覚したためだ。その数なんと18・3万件。うち新契約へ乗り換える際に、旧契約の解約を先延ばしして、保険料を二重払いさせたのが7・5万件。逆に保障の空白期間が生じたのは4・6万件などとなった。

いずれも顧客の意向とは無関係に、ただ新規件数を増やすためだけに契約を乗り換えさせる行為だ。

お詫び行脚では「すべてを、お客さまのために。」と書いたチラシを顧客に渡し、信頼回復に努めている。郵便局員は、温かい声をかけてもらえることもあるが「不利益変更じゃないか。契約を元に戻せ」とすごまれることも少なくない。日本郵政の増田寛也社長が推し進める「お詫び行脚」は決して現場社員にとって楽ではない。

東海地方のある郵便局では「誰もお詫び行脚に行かず、局長も何も言わない」（当該局の局員）という。お詫び行脚は掛け声倒れに終わるおそれがある。

お詫び行脚を熱心にしている局も先行きは多難だ。お詫び行脚を終えれば、各郵便局の判断でかんぽの営業を再開できる。しかし、「今ある保険商品はすべて『掛けオーバー』。支払う掛け金（保険料）の合計が、受け取る保険金を上回る。これから満期を迎える客に何を勧めても、後から『不利益変更だ』と契約を無効にされかねない。処分が怖くて営業再開なんてできない」（ある渉外社員）。

法令違反に該当せず?

日本郵便のみならず、かんぽのお詫びもずさん極まりない。

「数多く不適切な募集が発覚しまして、順次皆様のご契約について再調査を行わせていただいているところでございます」

都内で保険販売代理業やコンサルティング業を営む坂部篤志さんと坂部さんの母親の元に、背広を着て首に身分証をぶら下げた2人の中年男性が来たのは、20年10月のことだ。1人はかんぽのお客様相談室課長、もう1人は同じくコンプライアンス調査室の上席専門役だった。

3年前の契約について、「家族同席の日程調整が不十分であった」「お客様の意向に沿った契約ではなかった」ことがわかったので、お詫びに来たと相談室課長は言う。

この説明を聞き、坂部さんは拍子抜けした。契約時、郵便局員は健康状態の告知書を半分に折って質問をわからないようにし、「すべて『いいえ』に丸をするように」と母親に指示していた。そのことをただすと、上席専門役は「告知妨害には当たらず、法令違反には該当しない」と断言した。

「母親の自宅に来た八王子郵便局の3人の処遇は?」と坂部さんが聞くと「厳正に対処する所存です」(相談室課長)。「まだ決まっていない?」と聞くと「はい」。

本誌の調べでは、1月中旬時点で3人のうちNは八王子局員のまま。Oは定年退職を迎える前に隣の市の郵便局へ異動。そこで定年を迎えて再雇用された。残りの1人、Sは立川局に異動し、課長代理から課長に出世した。3人とも調査中で、処分はまだだ。

上司は処分どころか出世

「八王子局の上司や局長の処分は?」と坂部さんが聞くと、「管理監督責任について重々調査を進めて対処していきたい」と相談室課長は応じた。

実は3人の上司で、八王子局の金融渉外部長だったYは立川局へ異動し、リーダー部長へ異例の出世を果たした。「新任で赴任後、2年でリーダー部長に昇進した部長は創業以来初だ」（ある社員）。Yはさらに東京支社へ栄転した。

八王子局長だったKも東京支社の金融部門トップに栄転した。ともに調査を受けていない。したがって処分を受けることもない。

坂部さんの母親はこの状況を本誌から聞いて「上司はうまいことやっている。勧誘に来た担当者も辞めていないのか」と落胆した。

ある社員によれば、事の発端は東海支社長から東京支社長に栄転したHだったという。「Hは東海の不適正営業の手口を東京で広めた」（ある社員）。目標未達が多かった東京地区の潮目を変えたいという思いがあったのか、Kは八王子局に成績優秀な社員を集め、Hの東海時代の手法を実践した。

効果はてきめんだった。八王子局は東京支社で目標達成率を競う推進率部門と、対前期比の伸び率を競う成長率部門で2冠を獲得。Y部長らは全国郵便局長会（全特）の元会長で日本郵便専務（当時、後に副社長）の大澤誠氏と記念写真に収まった。

東京支社に栄転したKは立川局へ照準を定めた。立川局では不適正募集の発覚直後にも、年度目標の半分を達成したことをシャンパンタワーで祝う「赤道突破記念パーティー」などを開催。郵便局員にハッパをかけた。このことは国会でも問題視された。

坂部さんの事件はこうした構図の中で起きた。不適正募集が明るみに出ればKのメンツは丸潰れだ。何としても隠さなければならない。だから坂部さんを「エキセントリックなクレーマー」扱いし、坂部さんが八王子局に担当者を訪ねてきても「いない」と突っ返した。

2人のかんぽ社員は、「本日は忌憚のないご意見をありがとうございました」と述べて坂部さんの実家を後にした。これでは謝罪に来たのか、意見を聞きに来たのか曖昧だ。「なぜ八王子局の当時の担当者が謝罪に来ないのか」。坂部さんはそのことが残念でならない。日本郵便とかんぽが信頼回復に本気で取り組んでいるようにはどうもみえない。


（山田雄一郎）

ゆうちょ銀行　セキュリティーが甘く被害が続出

「リスク感度が鈍かった」。ゆうちょ銀行の池田憲人社長はそう反省の弁を述べた。

2020年9月、ゆうちょの決済サービスにおけるセキュリティー問題が明らかになった。

発端となったのは、NTTドコモの「ドコモ口座」を利用した不正出金問題。不正利用者は、何らかの形で入手した被害者の名前や口座情報を基に、口座振り替えサービスで口座と決済サービスを接続。その後、口座から決済サービスに入金し、お金を使った。ドコモ口座以外にも、PayPayなど複数の決済サービスで被害があった。

口座振り替えでは、被害を防ぐため口座と決済サービスを接続する際の本人確認で「2要素認証」を用いるのが一般的だ。口座番号を知っているか、通帳を持っているか、指紋や顔が一致するかといった要素のうち2つを確認する。

しかし、ゆうちょが連携していた11の決済サービスのうち2要素認証を導入していたのはたったの2つだけ。不正利用者はこのセキュリティーの甘さを狙ったわけだ。2要素認証導入に向け、「もっと汗をかくべきだった」（田中進・ゆうちょ副社長）。

被害はこの事件にとどまらない。ゆうちょが提供していたデビット・プリペイドカード「mijica」でも不正利用があった。

口座振り替えサービスと同様に入手した口座情報で新しいmijicaを作成して口座からの入金や利用をしたり、mijicaのサイトに不正にログインして情報の盗取や第三者への不正送金をしたりという被害が発生していた。

ゆうちょは一連の不正発覚を受けて、社長直轄でセキュリティー総点検のタスクフォースを設置。セキュリティーの脆弱性を洗い出し、強化に取り組んでいる。

約4カ月の時を経て、他社決済サービスへの口座振り替えは順次再開にこぎ着けたものの、mijicaはサービス終了に追い込まれた。22年春をメドに新ブランドのデビットカードを開始し、mijicaから移行する予定だ。

■注力する決済分野で不正取引が続出 ―キャッシュレス決済サービス被害一覧―

サービス	被害件数	被害総額	内容	
即時振り替え（ドコモ口座など）	230件	5277万円	不正利用	被害者のゆうちょ銀行口座から犯人が不正に作成した決済サービスのアカウントにチャージ、利用
mijica	54件	332万2000円	不正ログイン	ID、パスワードを不正取得し、mijicaサイトから顧客情報を入手
			カードの不正作成	被害者のゆうちょ銀行口座から犯人が不正に作成したmijicaにチャージ、利用
			不正送金	被害者のmijicaサイトに不正にログインし、第三者に不正送金

（注）1月7日時点　（出所）取材を基に本誌作成

被害を生んだ〝焦り〟

被害は2017年7月から発生している。この時点で対策を講じていれば、その後に発生した被害は抑えられたかもしれない。

なぜ、セキュリティーが脆弱なままサービスを続けてしまったのか。池田社長は会見で「ゆうちょは決済サービスで遅れている。早く追いつきたいという思いがあった」としている。つまり、決済サービス拡大への〝焦り〟から安全性を後回しにしてしまったのだ。

この焦りは、ゆうちょが置かれている厳しい経営環境と無関係ではないだろう。ゆうちょの利益の大半は、債券や株式を運用することで得られる利息や配当となっている。超低金利が続く中、利回りの高い過去の日本国債が償還されていけば、利益は当然縮小していく。これを穴埋めするために、海外証券への投資拡大や手数料収益の強化を急いでいる。

手数料収益を伸ばすに当たって、まず取り組んだのが投資信託の販売だった。

17年度から20年度に投資信託残高1・7兆円増を目標としたが、19年に不適切販売問題が発覚、出ばなをくじかれていた。

そこで期待されたのが、問題となった決済分野だった。ゆうちょの口座数は約1億2000万を誇る。それだけの顧客をキャッシュレス決済に移行させれば、決済に関わる手数料は大きく伸びる。厳しい経営環境に置かれたゆうちょにとって数少ない成長分野だっただけに、拡大を急がざるをえなかったのだ。

今回の事件で失った信頼を取り戻すのは容易ではない。決済分野にブレーキがかかれば、収益の低下はますます顕著になる。これからのゆうちょを待ち受けるのは茨の道だ。

（藤原宏成）

地銀再編構想にも悪影響

不祥事の影響は意外なところにも波及した。

その1つが、水面下で計画されていたゆうちょ銀行による地方銀行再編構想だ。金融庁の森信親・元長官も構想に関わっていたとされており、ゆうちょから1000億円、冨山和彦氏が率いる経営共創基盤から1000億円の計2000億円でファンドを立ち上げ、地銀や地方企業を支援する計画だった。

このところ、菅義偉首相の「地銀の数が多すぎる」発言をきっかけに地銀再編への注目度は高まっている。地銀再編構想をぶち上げるには絶好のタイミングだ。しかし、不運にもゆうちょの不祥事が発覚。結果、この構想はいったんストップとなってしまった。

「このまま幻に終わるだろう」（地銀幹部）という見方も多い。不祥事を抱えるゆうちょが主導しても、地銀が賛同するとは思えないからだ。

そこで、当初とは少し異なる形で実現することとなった。日本共創プラットフォーム（ＪＰｉＸ）という投資・事業経営会社が設立されたのだ。ゆうちょをはじめとする金融機関や事業会社から出資を募り、投資や経営支援を行う。

議決権は経営共創基盤が１００％握る。ゆうちょはあくまで出資者の１つとなったが、「総額の半数を出資する予定」（日本郵政の増田寛也社長）だ。しかも、「誰かが決めた案件を丸のみすることにはならない」（同）と、案件選定にも関わる見通しとなっている。

投資対象とされているのは「ローカル経済圏の企業」。地域に根差した企業全般を指し、必ずしも地銀にフォーカスされてはいない。運用する額についても当面の目標は総額１０００億円と当初の構想から大きくトーンダウンした。

■ **地域経済支援の投資会社を設立** —JPiXの概要—

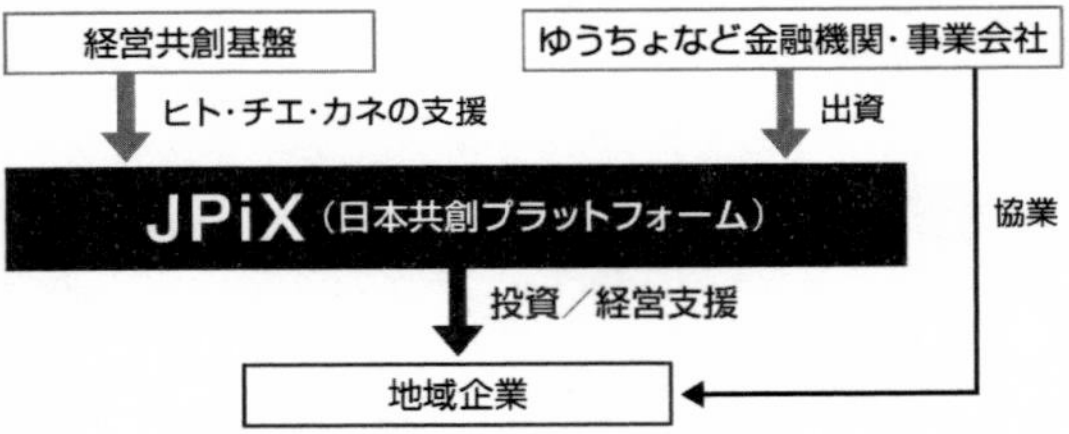

課題は資金集め

一見すると、地銀再編の旗を下ろしたようにも思える。しかし、ある地銀幹部は「地域企業の1つとして地銀も候補に入るはず」とみている。

課題となるのは金額だ。投資しても金額が小さければ「単なる業務提携とさほど変わらない」（地銀幹部）。

JPiXの出資者にはゆうちょ以外に、三井住友信託銀行や群馬銀行といった金融機関、KDDIのような事業会社が名を連ねる。このほかにも、大手商社や鉄道会社に声がかかっているという。しかし、「すでにいるメンバーで集まっているのは300億円強。1000億円には程遠い」（関係者）のが現状のようだ。

資金調達が順調に進まなければ、ゆうちょが地銀再編や地方創生で存在感を出すことは難しくなる。

郵便局は職場崩壊している

顧客からは疑いの目を向けられ、会社からは罪人扱い――。日本郵便の現役社員、かんぽ生命保険の管理職に匿名で語ってもらった。（個別取材をベースに座談会形式で構成しました）

――〝お詫び行脚〟といわれる顧客への訪問活動は進んでいますか。

【渉外・30代】　実は、ウチの局ではほとんど進んでいません。処分によって生命保険募集人の免許を取り上げられてしまった人はお詫び行脚に行けないので、取り上げられなかった人が代わりに顧客宅を訪問することになっています。ところが、実際にはお詫びに行ける社員でも、局内の事務室で一日中スマホのゲームをしたり、昼寝をしたりしている。局内には「お詫びに行っても仕方がない」とか、「行けばどうせ解約されるだけ」という空気が蔓延している。職場崩壊です。

【渉外・40代】 本当に？ ウチはみんなまじめに訪問活動をしているよ。処分待ちで募集停止中の仲間が営業現場に戻ってきやすくなるように、できるだけたくさんのお客さんを訪問して、きちんと説明するようにしている。ただし訪問することで、自分以外の人が勧誘したお客さんが契約を解除してしまうこともある。だから、訪問する前にそのお客さんを勧誘した人が誰かを調べて、一声かけてから行くように気をつけているよ。

【再雇用・60代】 お詫び行脚については、とくに入社してから2、3年しか経っていない職員がかわいそうだ。自分たちは不適正な募集にほとんど関わっていないのに、お客さんのところへ行って頭を下げるのが仕事になっている。つい先日も「こんなことがしたくて入社したわけじゃない」と言われて、かける言葉がなかったよ。

【渉外・40代】　あと、中には事実と異なる主張をしてくるお客さんもいる。実際には契約時に家族の方が立ち会って、書類にもサインしてくれたのに、お詫び行脚で「同席していないのに勝手に同席したことにされた」と言われて、合意解除になってしまった。

――「合意解除」とは募集人に確認せずに、かんぽ生命と顧客が合意して契約をなかったことにすること。「和解だから時効はない」とかんぽは会見で説明しています。ただ、社員からの不満は強く、20年8月には合意解除の募集手当返還請求をいったん停止しました。

【渉外・40代】　そうそう。かんぽは担当した渉外社員の話は聞かずに、お客さんの言うことだけ聞いて契約を解除している。合意解除については再調査が始まると聞いているけど、書面だけでちゃんとした調査になるのだろうか。募集をきちんとしていたと認められて、手当を返さなくて済むようになるのか不安だ。

——窓口担当の社員さんからみて、かんぽ営業の現場はどうでしたか。

【窓口・40代】　窓口業務が中心の私からみても、渉外社員たちに課されたノルマや、局長らからのパワハラはすごかった。できもしない高い目標をかぶせ、そのプレッシャーで正常な判断ができないようにしていた。局長らは営業成績の悪い渉外社員に対する嫌がらせの研修をし、不適正話法の習得を「自主研修」と称して無賃金で行わせることもありました。管理職がとにかく圧力をかけまくっていたのに、処分が軽かったり、なかったりする。

指導役は教習所の教官？

【再雇用・60代】　こんなに多くの渉外社員が処分されているのに、現場を不適正募集に追い込んだ上司がほとんど処分されていないのは、どう考えてもおかしい。指導役のかんぽの広域インストラクターが自動車教習所に例えて「教習所の卒業生がスピード違反や飲酒運転をしても教官が罪に問われないのと同じだ」と言っているそうだが、それはさすがに違う。かんぽは日本郵便の社員にボロボロの自動車を与え、日本郵便はスピード違反をしないと間に合わないようなゴールを設定していたというのが実態に近い。さらに、かんぽのインストラクターたちはスピードが出るようになる改造方法を日本郵便の社員に教えていたようなものだ。にもかかわらず「スピードを出した運転手だけが悪い」と言うのはどう考えてもおかしいよ。

【渉外・30代】　私が知っている中でも、廃業が妥当だなという人は、たしかにいます。それでも、どういう基準で調書が届くのかといったことや、処分が科される基準が不透明すぎる。現場では「なぜあいつには届いているのに、来ない人がいるのか」と不公平を訴える声がたくさん上がっています。明らかに不適正とわかる契約でも、お客さんが何も言ってこない案件は見て見ぬふりをしているのではないかと思います。

――日本郵政の現在の経営陣をどのようにみていますか。

【渉外・30代】　次々と不祥事が発覚するので、増田寛也社長は大変でしょうね。タスクフォースを立ち上げて、現場の意見を聞く姿勢はいいと思います。会社側が守ってきた不適正な募集について、メスの入れ方が足りないところはあるけど、まったく入れていなかったところに入れようとしている感触はあります。

【渉外・40代】　増田社長は「バッドニュースほど耳を傾ける」と言っていた。社長への投書箱に全国からかなりの声が集まっているのに「読み切れない」とか言っている。われわれ現場の声は届いているのだろうか。今のままでは改革の旗印になっているだけで、ただの「お飾り社長」と言われても仕方ないよ。

【再雇用・60代】　営業自粛期間が長かったので増田社長を経営者としてどう評価すべきかよくわからないね。元総務相だからなのか、「地方創生」といった発言が多いが、民間企業なのに利益の上がらないことばかり言っているように聞こえる。郵便局はすでに地方行政の仕事を一部受託していますが、手数料はほとんどゼロというのが実態。本来は利益を追求するべき民間企業がやることなのか、正直疑問です。

――会社に対しての忠誠心や愛社精神といったものはありますか。

【窓口・40代】　会社が渉外社員を罪人扱いするのを見ていて、愛社精神や帰属意識は間違いなく下がったよ。

【再雇用・60代】　いや、そもそも忠誠心とか愛社精神なんてものがない社員が多かったのではないかな。みんな個人事業主みたいなもので、どれだけ郵便局の看板で飯が食えるかということだけを考えている。好成績の渉外社員にとって、引っかかりやすい高齢者を見つける〝ゲーム〟のようなものだったのでは。

【渉外・40代】　私の場合、問題が明らかになってからもう1年半以上経つのに、いまだに調査が終わらず、処分も出ない。基本給だけでは生活していけないし、会社に対しては本当に不信感しかない。

会社の管理に疑心暗鬼

【渉外・30代】　営業を本格的に再開したときに、会社がどういう管理をしてくるかわからず、疑心暗鬼になっています。過去の失敗を繰り返すのか、本当に生まれ変わるのか、期待と不安が心の中で入り乱れています。

――50代の営業担当社員に対しての退職勧奨についてはどうですか。会社が勧めているのに退職金は自己都合扱い。会社に求められれば退職後でも退職金を返還するなどの特殊な条件がついています。

【渉外・40代】　この条件に同意しなければならないのでは、辞めるに辞められない。法的に問題じゃないのか。

――郵政は「社員対応として問題ない」と本誌に回答しています。

【渉外・40代】　何が何でも会社の都合を優先する企業だということがよくわかる事例だね。本社は現場の社員だけが悪いという認識を押し通し、リストラをしたいのだろう。社員をもっと信用してほしい。

【渉外・30代】　私は「逃げ得」を許さないためには必要なことだと思います。悪の話法を推奨したインストラクターやパワハラをしていた局長たちが割増退職金をあっさり受け取ることがあってはいけない。不服ならば定年まで勤めてから辞めたらいいのではないかと思います。

【かんぽ生命管理職・50代】　そもそもまだ調査や処分が終わっていないことが、こうしたおかしな退職制度にせざるをえない元凶なのでは。

――渉外社員に対しては、郵便配達を担う部署への転属を見据えた研修が始まっているそうですね。

【渉外・30代】　金融系のラインと、郵便関係のラインではお互いに相いれないところがあります。転属のための研修に参加したいという人もいたが、「もともと金融で入社したのだから」と断る人も多くいた。結局研修自体がなくなった支社もあったと聞いています。

【渉外・40代】 郵便系の人とは、廊下ですれ違うときに、あいさつするぐらいの関わりしかない。今までまったくやったことのない業務を一からやる、ということはそもそも難しい。業務を教えなければいけない郵便系のラインの人たちにも迷惑がかかるんじゃないかと思う。

――ほかに現場で問題と感じていることはありますか。

【渉外・30代】 局内で使う文房具や、契約獲得のためにお客さんへ配るラップや洗剤などを、子会社の日本郵便オフィスサポートから買うように指示されるといったことがよくあります。ほかの業者で買ったほうが安いのに「子会社から購入すれば資金がグループの外に流出しない」とかいう理屈がついて。あとは、書類の入れ替えも頻繁です。使用頻度が高くない冊子や、ほとんどなくならない用紙類を1年ごとに入れ替えて大量のゴミを出す。一方で、関連会社から割高な用紙を買っています。

――経営陣以外が経営に深く関与しているとも指摘されていますね。

【渉外・40代】 局長会（全国郵便局長会「全特」）が諸悪の根源で、経営の効率化が進まないことの元凶と思っている人は多い。郵便局業務をまったく知らない局長の配偶者や息子が突然局長になったり、今まで郵便局のアルバイトをしていた人が上司になる、といったこともよくあるからね。どんなに社員が努力しても局長人事では血縁が優先される郵政グループの常識は、世間の非常識だよ。

【渉外・30代】　全特が人事権を事実上持っていると現場で言われています。現場の人間が上に意見を言うと左遷が待っている。わかりやすい例では離島に左遷されたり、管理職でもないのにわざわざ自宅から離れた職場への転勤を命じられたり。全特とのしがらみを取り払わないと、あらゆる問題の根本的な解決にはならないでしょうね。

失敗を繰り返すのか？

――日本郵便が楽天と提携するなど、物流事業を軸にした成長戦略を展開し始めています。

【再雇用・60代】　物流や不動産へのシフトは、金融の失敗から逃げているだけに現場からは見える。付け焼き刃で新たな事業に乗り出しても、日本通運のペリカン便や豪トール社買収の二の舞いになるのではないかと思う。郵便局網との相乗効果もよくわからない。30年以上前から言われていることだが、局長が局舎を有する旧特定局の見直しが先決だ。局長へ支払っている家賃や給料を見直さなければ、経営の効率化が進まないのではないか。

【渉外・30代】　私も、同じ失敗を繰り返すだけではないかと心配です。具体的な考えを経営陣から聞かされたことがなく、期待できません。

【かんぽ生命管理職・50代】　物流は今後のやり方次第だと思っています。不動産も、全国の一等地にある物件を活用すれば効果が上がるはず。ただ、稼ぎ頭の金融をどう立て直すのか。この点で経営陣の策が現場からは見えてきません。

（構成・梅垣勇人）

金庫から7000万円盗んだ部長も

郵便局で多発する横領・窃取

日本郵便では局員による横領や窃取が絶えない。

大阪府堺市にある堺中郵便局の元総務部長（56、当時、以下同）が20年12月、大阪府警に逮捕された。顧客から受け入れた郵便切手1億3300万円相当（1000円切手13万3000枚）を裁断処分したかのように装って横領し、金券ショップで換金していた容疑だ。元総務部長に対する国税局の調査が行われたことで発覚した。

同月には長野県・佐久郵便局の窓口営業部長（45）も逮捕された。同19日午前2時ごろに同局へ侵入。金庫に保管中の現金7000万円を窃取した容疑だ。局設置の防犯装置が作動し、警備会社から110番通報があったことで発覚した。

これらを含めて日本郵便では20年1年間で計約3・7億円、計21件の横領・窃取などの不正が起きている。うち2件が郵便局長、3件が部長によるものだ。

2020年10月には東京都内の郵便局幹部2人が計約5・4億円の着服を3年にわたって行っていたことが報道で発覚し、世間を驚かせた。これを機に、総務省は全不祥事を速やかに公開するように指導。20年は原則公開の最初の年だった。

■ 昨年だけで計約3.7億円の不正が発覚

—2020年の横領・詐取・窃取・経費不正使用—

金額	公表日	支社	郵便局	職名（元職含む）	性別	年齢
1億3300万円	12月 1日	近畿	堺中	総務部長	男性	56
9260万円	5月14日	九州	早良南	期間雇用社員	男性	68
7000万円	12月20日	信越	佐久	窓口営業部長	男性	45
2160万円	2月 5日	東海	川越	課長代理	男性	50代
1500万円	2月 6日	九州	佐世保北	主任（渉外担当）	男性	30代
1165万円	3月 9日	東海	豊橋南	課長代理	男性	30代
1000万円	7月14日	九州	中川	一般社員	男性	20代
845万円	7月16日	東北	秋法・文字	窓口担当主任	女性	40代
390万円	5月21日	近畿	神戸中央	部長・総括課長	男性	40・50代
200万円	7月15日	関東	草加新栄	郵便局長	男性	40代
108.5万円	2月12日	東海	湖西	課長	男性	30代
102.2万円	12月10日	九州	八幡西	主任	男性	40代
100万円	7月14日	九州	延岡大門	郵便局長	男性	40代
45万円	9月 1日	関東	日光東	期間雇用社員	男性	60代
30万円	12月17日	東北	下前	業務受託者	男性	60代
7.7万円	6月 3日	東京	代々木	委託会社従業員	男性	30代
6.3万円	6月23日	東海	裾野	課長代理	男性	30代
4万円	10月19日	関東	川越西	委託会社従業員	男性	20代
3万円	1月16日	東北	笹川	主任	男性	40代
3万円	2月17日	関東	習志野さぎ沼ー	期間雇用社員	女性	20代
0.8万円	4月28日	関東	日高	期間雇用社員	男性	60代

（注）赤字は逮捕、　　は懲戒解雇。金額は横領・詐取・窃取・経費不正使用の被害額。年齢は発表時　（出所）日本郵便HP掲載の各支社プレスリリースを基に本誌作成

件数と犯罪内容にあぜん

「件数の多さ、犯罪の内容、そして容疑者の役職の高さが気になる」と語るのは、郵便局と同じように、支店で多額の現金を扱うことの多い大手銀行の幹部だ。

大手銀も日本郵便も、十何万人もが働く組織なので窃盗をゼロにすることは難しいのかもしれない。だが、決算になれば必ず不正は発覚する。バレやすい犯罪なのに「年に何十人も横領や窃盗をするのは異常」(同)。しかも金融機関での犯罪といえば、「インサイダー規制違反など少し複雑なものが多いが、現金を盗むなど単純犯罪の多さにあぜんとする。それも郵便局長など、銀行でいえば支店長クラスの高い役職の人がやっているのも気になる」(同)。

企業のコンプライアンスに詳しい野村修也・中央大学法科大学院教授も「普通の企業に勤めている人であれば、勤務先のブランドに傷がつくような犯罪には手を染めないもの」と指摘する。郵便局員の多くは元公務員で、身内の不始末は組織ぐるみで隠蔽するような役所体質も根強く残っている。「犯罪が発覚しても『どこかの局の人がやって、ばれてしまいましたね』と、ひとごとのような話になりがちだ」（野村氏）。

日本郵政の増田寛也社長は「言語道断。まだこの時点でも大型の犯罪があるのは恥ずかしいし問題。犯罪に手を染めるような人間をどうして管理職の立場に就けてしまったのか、猛省しないといけない」と反省しきりだ。

（山田雄一郎）

総務省OB・全特・官邸　複雑すぎて統治不能に

不祥事が日本郵政グループで相次ぐのはなぜか。カギは複雑な「多重統治」体制にある。

日本郵政は指名委員会等設置会社だ。社外取締役を中心とした指名委員会、報酬委員会、監査委員会が置かれている。郵政の「コーポレートガバナンス（企業統治）の基本方針」によれば、「社外の視点を経営に十分に活用する」とある。増田寛也社長は「社外取締役は執行側に対して十分な牽制効果がある。経営していくうえで、ほかの企業と比べて（社外取締役や労働組合の監視機能が）弱まっているとは思っていない」と断言する。

本当に機能しているのか。

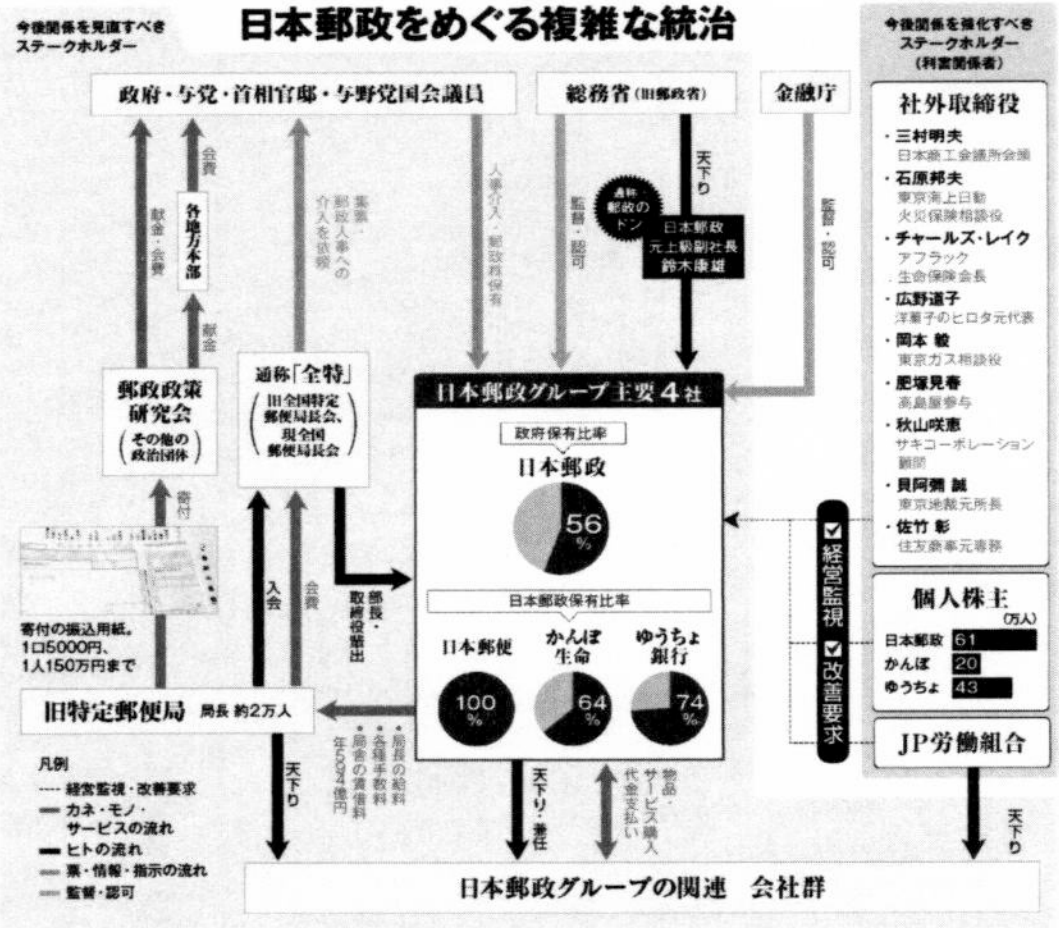

（注）局舎の賃借料は2019年度で1万5301局の合計。各種手数料は局舎にカタログを置く手数料など。個人株主は20年3月末の「個人その他」の人数。社外取締役の氏名の後は主な経歴

（出所）各社「有価証券報告書」、総務省「政治資金収支報告書」、取材を基に本誌作成

ドンと全特OBの支配

日本郵政の企業統治の実態は独特だ。2006年に株式会社化される前は日本郵政公社で、その前は郵政省（現在の総務省）だった。

そうした過去もあり、19年にかんぽ生命保険の不適正募集が大量に発覚するまで、日本郵政グループは「『郵政のドン』が組織の軸だった」（かんぽ幹部）。

「ドン」とは鈴木康雄元上級副社長だ。13年に日本郵政の副社長となり「郵政グループの人事権を事実上掌握していた」（同）。社員からの人事の相談に親身になって話を聞き、「スーさん」と慕われた。

監督官庁である総務省へも、元総務事務次官という立場から、にらみが利いた。かんぽの不適正募集を報じたNHKの番組をめぐって、当時のNHK会長が厳重注意を受けたが、その背後で動いたのが鈴木氏ではないかとして国会で参考人招致されるほど問題視された。かんぽ不正で総務省の処分が出た際にも、検討状況を鈴木氏の耳に入れた当時の総務事務次官が懲戒処分を受けている。

ほぼ同じ時期、日本郵便に君臨したのが、全国郵便局長会（全特）元会長の大澤誠氏である。１４年に全特会長に就任。１６年に全特出身者で初となる日本郵便の役員（副社長）に就任した。

全特は各都道府県に局長会を擁する。日本郵便の横山邦男社長（当時）が課した厳しい営業ノルマを達成するため、各地の局長会は大澤氏の言うことを聞き、地域ごとに低成績の社員を集めては厳しい研修をした。現場を引き締めるため大澤氏は全国を渡り歩いた。

「全特は郵便局長の人事に、もともと強い影響力があったが、日本郵便の支社長人事にも影響を及ぼし始めていた」（日本郵便社員）

例えば日本郵便のある東北支社長の人事。支社長就任直後のあいさつで、東北6県の全特の局長会長を部下扱いし、上司のような口ぶりをした。組織のうえでは確かに上司だが、現場の郵便局長たちからすれば、各県の全特の局長会長のほうが格は上。「新支社長は態度が尊大で鼻持ちならない人物」という話が、大澤氏の側近に伝わると、この東北支社長は任期2年のところ1年で更迭された。

局長たちの意向が重んじられる背景には、郵便局の歴史がある。郵政が民営化される前、郵便局はいくつかの種類があったが、そのうちの「特定郵便局」は、150年ほど前、郵便ネットワークをつくるために各地の名士たちが土地や建物を無償で提供した郵便局が起源だ。局長は代々、その名士の一族であることが多く、「特別な世界観があって、独立王国的なところがある。ビジネス的な管理をしようとするとハレーションが起こる」（野村修也・中央大学教授）。

全特は選挙の集票力もあり、政治とも密接だ。日本郵政の筆頭株主は政府で、首相官邸の意向も強く働く。政権交代時には郵政のトップもすげ替えられた。例えば自民党が旧民主党から政権を奪い返すと、旧大蔵省官僚の坂篤郎氏は社長就任からわずか6カ月余りで退任。安倍晋三首相（当時）と親交が深い西室泰三氏に社長交代した。

郵政のドンである鈴木氏は19年12月に辞任した。「軸を失った社内は混沌としている。問題が起きても全員ひとごとのようで危険な状態にある」（別の社員）。ドンが去った3カ月後、続投意欲が強かった大澤氏も突如退任した。

2019年末当時、総務相だった高市早苗氏は「郵政の取締役に旧郵政入省の総務省OBが入ることはマイナスが大きい」と天下りを否定。全特も20年に、全特役員退任後、郵政グループの役員へ就任することはしない、と申し合わせた。

だが、郵政グループの関連会社には「ドンの後継」と目される総務省OBが籍を置いているほか、全特OBもいる。旧態依然とした多重統治を見直し、経済界などで知見のあるステークホルダーとの関係を強化しなければ不祥事の根絶は難しい。

（山田雄一郎）

全特　狙うは局の再国営化?

『都に鄙（ひな）に　また山に　雪降る朝（あした）　風の夜　あまねく人に幸せと断えざる　努力続けゆく　ああ全特に　誇りあり』

都会であれ田舎の山奥であれ、風雪に耐えながら任務をまっとうせんとうたうこの歌は、全国郵便局長会（「全特」）会歌の一節。東京都港区にある全特六本木ビルの敷地内には、組織の精神をうたった会歌の石碑が設置してある。

全国に約2・4万局ある郵便局のうち、小規模の郵便局約2万局の局長らで構成されるのが全特だ。

その精神は崇高だが、近年は「日本郵政が真の民間企業に脱皮できない一因は全特にある」と矛先を向けられることが多い。全特が重んじる「郵便局網（数）の維持」

が、組織全体の合理化、構造改革を阻害している、というのだ。

郵便物数は2001年度から19年度までに4割減少。20年度の日本郵便の純利益予想はゼロだ。

ジリ貧の日本郵便を支えているのが、ゆうちょ銀行とかんぽ生命保険の金融2社だ。2社が資金運用で収益を上げ、郵便局に金融商品販売委託手数料などの名目で毎年9000億円以上を支払うことで郵便局網は維持されてきた。

しかし、このモデルは臨界点にきている。日本銀行の低金利政策が長期化し、金融2社の収益は先細り。日本郵便側に払う手数料を減額せざるをえない状況だ。

普通の民間企業であれば不採算局は統合・廃止するものだが、郵便局網に斬り込む気配はない。全国津々浦々にサービスを提供すべしというユニバーサルサービスの義務が課されているからだ。

ここに「あまねく人に」郵政事業を届けることを「誇り」とする全特の神通力が働いている。

全特は表向き「郵便局長の会」だが、ある局面では恐るべき組織力を発揮する。選挙だ。全特ビルには「自由民主党東京都参議院比例区第六十六支部」が入居する。

全特の政治力

2019年の参議院議員選挙。業界団体の集票力を測る指標となる参議院比例区において、トップ当選を果たしたのは全特顧問で元全特会長の柘植芳文氏だった。その得票数60万票。建設業界の票が30万票程度しか集まらないこのご時世に、驚異的な集票力を見せつけた。

票を託された国会議員は郵政事業の発展のために動く。ゆうちょ銀行の預入可能額とかんぽ生命の加入可能額には民業圧迫を防ぐ目的で上限が設けられているが、16年以降、限度額は徐々に引き上げられた。全特が働きかけ、柘植氏ら国会議員が動いた結果だといえる。

19年には、郵便局網を維持していくための基礎的費用の一部は「郵便局ネットワーク維持交付金」で賄うとする新制度ができた。赤字が続く郵便局の税負担を減らすため、日本郵便が金融2社から受け取る手数料にかかっていた消費税を減免する措置だ。この制度のミソは、消費税減免にとどまらず将来的には国が税金を投入する可能性を含んでいる点だ。これは郵便局の「再国営化」に等しい。

制度を作ったのは「郵便局の新たな利活用を推進する議員連盟」会長の野田毅衆議院議員。野田氏は、年1回開催（20年はコロナ禍で中止）の全特総会にも毎回出席してきた、全特最大の理解者だ。「この制度は、田舎の生活者を守るためのもの。行政サービスの一翼を担う郵便局を維持していくため、将来は真水（実効性のある予算、すなわち税金）を入れることも検討せざるをえない」と野田氏は言い切る。

自治体業務受託も拡大

目下、郵便局が自治体業務を受託するケースも増えている。人口減少や過疎化が進み自治体が支所すら撤退させる地域で、郵便局が戸籍証明書や住民票の写しの交付など自治体業務を代行するのだ。

公的証明書の交付事務はすでに580郵便局が160団体から受託。長野県泰阜（やす　おか）村や石川県加賀市などでは戸籍の届け出受理や埋葬・火葬許可など行政事務もこなす。

ただ利益貢献は少なく、「全特が郵便局網を維持していくためのアピール」という冷めた見方もある。

民間企業として一般株主重視の経営に舵を切れるのか、それとも税金を投入して郵便局を再国営化するのか。それを決めるのは全特ではない。国民であり、その代弁者である国会だ。

（野中大樹）

「公益性重視しつつ稼げる組織に」

自由民主党総務会副会長・柘植芳文

「自民党の集票マシン」「局舎の多額の賃料など既得権益を手放さない」などと批判されてきた全特について、全特顧問で参議院議員の柘植芳文氏に聞いた。

――全特は「自民党の集票マシン」といわれています。

根拠がわからない。確かに前回の参議院選比例区で私はトップ当選だった。投票用紙に「柘植芳文」と書いた人が多かったという話であり、全特が組織を挙げて自民党を応援したという意味ではない。

私が全特会長に就任した２００９年は、民主党政権が誕生した年だった。民主党は小泉純一郎政権が成立させた郵政民営化法を改め、改正郵政民営化法案を国会で通そうとしていた。私は全特会長として法案可決に全力を尽くした。

「自民党の集票マシン」という指摘は失当だと思う。

――郵便局の数が減らないのは、全特と自民党議員がそれを許さないからでは。

それもマスコミのワンパターンな切り口だ。

山間僻地には、人口減少と過疎化が進行して金融機関や農協、自治体支所まで撤退する地域がある。そういう地域の住民は郵便局を頼りにしている。採算割れしていても、簡単には撤退できない。

こう言うと皆さんは「全特が既得権益を手放したくないだけでしょう」と批判してくる。だが、山間僻地の郵便局長をやりたい人がどれだけいると思うか? 全特にとって、僻地の郵便局長のなり手を探し、育成していくことは喫緊の課題になっている。既得権益などではなく、維持するために身を砕いているのだ。

――とはいえ全特のミッションは郵便局数維持なのでは。

減らすべきところでは減らすべきだ。例えば都心部。公共交通機関が充実し、役所や金融機関に行くのにも不自由しない東京都内にはたして1000局も必要なのか。

「第4の事業」が必要だ

――企業としては、利用者の多い都心の郵便局を減らすのは難しくないですか。

私益を追求するだけの組織ではなく、公益性を重視する組織として生きていくのが望ましいと私は考えている。そのためにも稼がなくてはならない。郵便、銀行、保険に続く「第4の事業」が必要だ。

地域の特産品のネット通販は拡大の余地がある。郵便局長の顔は広く、地元の漁師や農家は大抵が顔見知り。だから郵便局にバイヤーは不要だ。全国の郵便局網は販売網になりうる。できることは多い。

柘植芳文（つげ・よしふみ）

1945年岐阜県生まれ。77年、名古屋森孝郵便局長。2009年、全国郵便局長会会長に就任。13年に参議院議員選挙（比例区）に出馬、初当選。19年、再選。

民営化後も続く「天下り」

「経営効率化を目指すなら、現場社員の人件費削減ではなく、まずは関連会社の整理をすべきではないか」。日本郵便の中堅社員は力なくそうこぼす。

日本郵政グループには多数の関連会社があり、子会社だけでもその数は260社（ゆうちょ銀行、かんぽ生命保険など上場子会社を含む）に上る。そうした企業は郵政グループの幹部のみならず全国郵便局長会（全特）や日本郵政グループ労働組合（JP労組）の「天下り」先になっている。元郵政省の慣習が残っているかのようだ。

代表的なのが、日本郵便の子会社である郵便局物販サービスだ。同社は郵便局でのカタログ販売の関連業務を受託しており、数多くのOBが天下りしている。社員656人（2020年6月時点）を擁しており、日本郵便における物販事業（売上高

1123億円、20年3月期）の大半を占める。

日本郵便では幹部や役員を経験すると関連会社に天下りできる。郵便局物販サービスの日野和也代表も日本郵便の元東京支社長だ。

関係者は「日本郵便の支社人事部長や新東京、東京中央、武蔵府中、豊島、世田谷などの主要郵便局の局長が物販サービスに天下りしている」と打ち明ける。

中には、複数の関連会社を渡り歩く〝天下り幹部〟もいる。例えば日本郵政の勝野成治元専務は、郵便局間の輸送を担う日本郵便輸送に天下りし、代表に就任。その後はダイレクトメールの作成や発送などを受託するJPビズメールの代表となった。

コールセンター業務などを受託するJPツーウェイコンタクトの速水真悟代表は、日本郵政から郵便局物販サービスの代表に天下りした後に、現職に就いている。関係者は「元キャリア官僚の再就職について65歳まで面倒を見る暗黙の了解がある。関連会社の役職が空けばそこを埋める形で天下り先があっせんされる」と話す。

関連会社への天下りは日本郵便の幹部だけの特権ではない。全特から関連会社に天下りする幹部もいた。日本郵便の渡邊伸司・元中国支社長は全特専務理事を経て、日本郵便輸送の取締役となった。

郵便局物販サービスの青木進会長も全特の元会長だ。日本郵便輸送の本庄吉幸・元代表は、日本郵政公社労働組合（現・JP労組）で副委員長にまでなった人物だ。

「日本郵便、全特、労組それぞれに関連会社への天下りルートがある」（関係者）

「自爆営業」を強いられる

関連会社が存在することで割を食っているのが郵政グループの現場社員だ。その最たる例はカタログ通販の商品を社員自ら自腹を切って購入する「自爆営業」だろう。

バレンタインなど季節のイベントごとに商品別のカタログがあり、販売目標が設定されている。都内郵便局の集配人は「ほとんどのお客さんは買わないので自爆営業せざるをえない。管理職から社員への脅し、なだめすかし、泣きつきは日常茶飯事だ」と嘆息する。

カタログに掲載されている商品の最低価格はおよそ2000円。販売手数料は、販売者である郵便局物販サービスの収益となる。

こうした実需のない販売実績の存在を重くみた日本郵便は、これまであったカタログ通販の販売目標を、20年度と21年度には設定しない方針を採っている。

ところが、販売目標を設定しないはずの20年度でも、ある郵便局では班ごとの販売実績を局内に掲示。販売目標の設定ともいえるような進捗管理を21もの商品で行っていた。

前述の集配人の場合は毎朝、前日の社員ごとの販売実績がリスト化され、班ごとに共有されているという。「日々の進捗管理に心理的プレッシャーを感じて自爆営業する社員も多い。とくに正社員登用を目指している非正社員からすれば管理職からの要請は断りづらい」(同集配人)。

販売実績が上がれば役職が上がり、退職後の天下りについても好条件が期待できるそうだ。一方で、実績が伴わなければ、慢性的に人員が不足している「業務困難局」に左遷される危険性がある。「課長代理以上の役職者ほど出世のために自爆営業をしている」(日本郵便のベテラン社員)。

非効率を生む温床

関連会社の存在は郵政グループの経営効率化をも阻んでいる。かんぽ生命の社員は「毎年、約款などの冊子類を関連会社から必要以上の部数で購入しては、在庫を大量に破棄している」と指摘する。

オフィス用品などの調達でも非効率が生じている。郵便局で使う備品は、主に日本郵便オフィスサポートのカタログ通販で購入するが、「よそで購入する場合と比べて商品単価が高い」（日本郵便の現場社員）という。

販売者はオフィス通販大手のカウネット。同社は大企業などに向けてオフィス用品の購買管理を一元化できるサービスを提供している。グループ全体で購買することで一定の割引を得てコスト削減が可能であり、子会社がその業務を代行する必然性はない。

効率の悪いことを続け、そのコストが退職した元幹部らを潤すのでは、社員も救われない。日本郵便では調達部長が日本郵便オフィスサポートの取締役を兼任している。管理の手間を考えれば、なおさら本社で集中購買すべきだろう。

■現役の調達部長が子会社取締役を兼任
—日本郵便オフィスサポート取締役(一部)—

就任時期	氏名および役職
2015年4月	丸田俊也氏が日本郵便の調達部長に
16年6月	丸田調達部長が取締役を兼任
18年4月	若松幸嗣氏が日本郵便の調達部長に
6月	若松調達部長が取締役を兼任
20年4月	吉田(一木)美穂氏が日本郵便の調達部長に(同年10月、金融営業推進部長に異動)
6月	吉田(一木)調達部長が取締役を兼任(同年10月に辞任)

(注)「取締役」は日本郵便オフィスサポートでの役職を指す　(出所)日本郵便の公表資料、日本郵便オフィスサポートの法人登記を基に本誌作成

2020年4月からアスクルも加わった。なぜカタログが増えたのかと社員は首をかしげている

こうした関連会社は、郵政民営化前の公社時代から存在していた。2007年には西川善文総裁（当時）の下、外部有識者の委員会が219法人との取引（合計で1500億円超）を精査した。その際、約2000人の郵政OBが関連法人へ天下りした事実が判明した。委員会は大半の関連法人取引を見直すべきだと結論づけ、郵便輸送を担う一部の法人のみを子会社化の対象とした。

ところが、取引見直しの対象となった関連会社は、ほとぼりが冷めた頃を見計らって郵政グループの子会社となった。日本郵便オフィスサポートの前身・メルファムも子会社となった1社だった。

日本郵便の複数の社員は「天下りは民営化以前から続いている慣例でもはや諦めている」とこぼす。関連会社は郵政グループの効率化を阻むばかりか、現状追認のあしき空気を醸成する一因となっているのではないか。

（佃　陸生）

距離を置き始めたJP労組

「御用組合」は変われるか

日本郵政の最大労働組合、日本郵政グループ労働組合（JP労組）はかんぽ不正問題で社員を守る防波堤になれなかった。そればかりか、実はターニングポイントとなった局面で不正を加速させる役割を果たしていた。

不正拡大の最大の元凶

「あれがかんぽ不正問題を大きくした最大の元凶ではないか」。ある元渉外社員（金融商品を訪問して代理販売する社員）が述懐するのが、2015年の賃金改定だ。

この改定で日本郵政は、それまで窓口など他業務の社員らと同水準だった渉外社員の固定給を2割引き下げる代わりに、変動制の営業手当を引き上げた。これが2つの負の影響を招いたという。

■ 固定給を大幅圧縮 ―2015年実施の賃金改定―

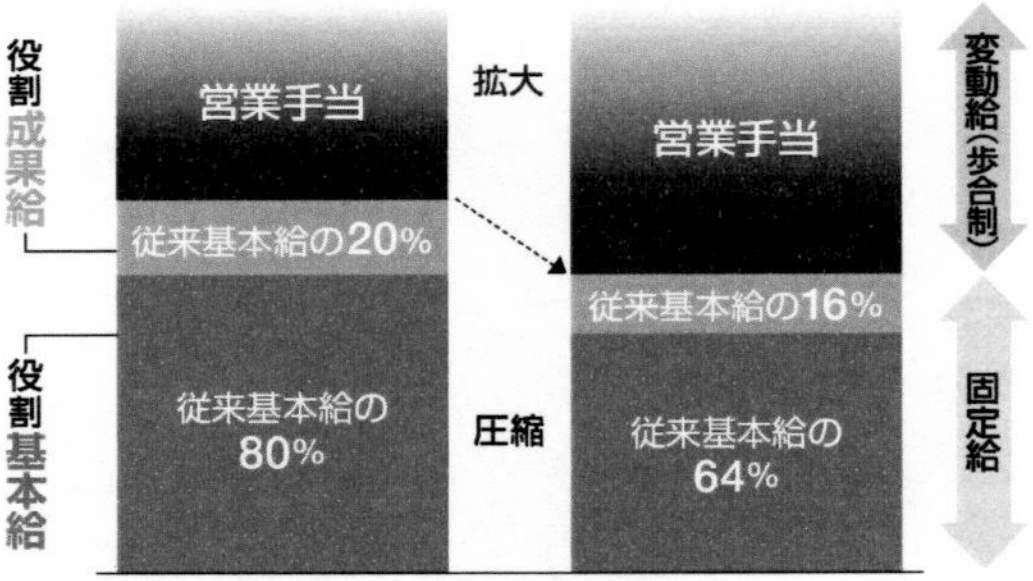

(注)変動部分の営業手当により総額は改定前後で増減
(出所)社内資料を基に本誌作成

1つ目の影響はもともと強引な営業で契約獲得を重ねていた渉外社員の手法を助長させたことだ。

2つ目の影響は、そのあおりで獲得成績の「平均値」が上昇し、ノルマが厳しくなったことだ。その結果、それまで不正をしていなかった人たちが平均値の成績を取るのは厳しくなった。こうして上司から「低成績社員」として目をつけられ、パワハラに当たるような指導を受けた人も少なくない。

日本郵政は20年の賃金改定で体系を元に戻す提案をし、JP労組は受け入れた。事実上、失敗を認めた形に見える。あるベテラン渉外社員は、「最初の改定時からまずいと感じていたし、周りも反対が多かった。だがJP労組にそうした声は反映されなかった」と憤る。

その理由とみられるのがJP労組の構成だ。トータル24・3万人（21年1月現在。非正規を含む）のうち渉外社員は推定約1・2万人（約5％）にすぎない。「今までのJP労組は『御用組合』。少数派のわれわれの意見がまともに反映されるわけがない」（前出のベテラン渉外社員）

ただ、ＪＰ労組にも言い分はある。労働政策局次長の坂根元彦氏は「ほかの保険会社の営業手当がかなり手厚く、成績優秀な渉外社員がだいぶ引き抜かれていた。営業手当の引き上げは外部流出の阻止の意味合いが大きかった」と振り返る。そのうえで、「ＪＰ労組としても（会社が言っていた）『頑張った者が報われる』ことがある程度必要と考えた」と説明する。

１５年の賃金改定が不正を拡大させたのならば、ＪＰ労組にも責任はあるのではないか。そう尋ねると、中央執行委員で企画局次長の栗田進氏は「当時としては最適な判断だったと考えている」と話し、結果責任については否定した。

こうした経緯から、ＪＰ労組にはとくに渉外社員から厳しい目が向けられてきた。だが実はここ最近、ＪＰ労組は会社に対してだいぶ物を申すようになっている。

重い腰を上げた労組

無理な営業を現場に強いたとみられる管理職らへの処分は、今も不十分だと現場社員はみている。また渉外社員の中には、不正の調査内容が十分に開示されていないことから、「なぜ俺が処分されるのか」と不満を持つ人も多い。渉外社員の間で不信感が募っている。

この状況にＪＰ労組も動いた。２０２０年１２月、会社に対して幹部への適切な処分や、調査の透明性の確保を求める申し入れをしたのだ。栗田氏は「社員が会社への信頼をなくしたままでの再生はない」と危機感をあらわにする。

現状の渉外社員の困窮は非常に厳しい。営業を行えない状態が続き、新たな営業手当は獲得できない。その中で過去の契約が不正と認定されれば、付随する過去の営業手当の返納も会社から請求される。中には月間の返納請求額が給与を上回った人もいるという。

日本郵便は今、返納請求を一時的にストップしているが、２０２１年中に再開される可能性が高い。ある渉外社員は「このままでは住宅ローンを払えない」と嘆く。

現在、５０歳以上の渉外社員に対して勧奨退職を募っている。だが、渉外社員にしてみれば、これで退職金を得てローンに充てる道は半ば封じられているのに等しい。

この勧奨退職は条件付きだからだ。

3月末時点では直ちに勧奨退職扱いとはせず自己都合退職の手当額のみを支給し、調査結果で不適正な募集のなかったことがわかってから初めて勧奨退職手当を支給するという内容だ。

日本郵政は「調査に時間を要しているために取った保留的措置で、応募者の公正な選考を行うためには必要だ」と説明する。

調査結果次第では自己都合退職金も含めて全額の返還を請求されることもあるという。「退職金を当てにして勧奨退職に応じようにも、全額請求されるおそれがあるのでは応じられない」と渉外社員からは困惑の声が上がる。

JP労組の坂根氏はこうした状況を把握しているとしつつ、「調査の結果、給与を超える返還請求があることもやむをえない」と話す。一方で、「大きな問題は、お客様の不利益解消を急いできたために、状況調査が不十分なことだ。やるべきことを飛ばしているから現場は納得しない。会社に説明を求めていく」とも強調する。

少なくともJP労組としては、12月の申し入れも含め、会社に対し言うべきことを言っていくという姿勢に転換したように見える。

栗田氏は「金融では低金利に直面し、郵便は配達数が減る一方だ。会社任せで事業や雇用を守れる環境ではない」とし、「いかに各事業を継続させていくのか。組合の立場から社内外の信頼を回復させ、持続性を守らなければならない」と力を込める。

危機に直面した日本郵政グループにおいて、社員の生活を守るうえでＪＰ労組が果たす役割は大きくなりつつある。


（奥田　貫）

「国有民営」の中途半端な経営

華々しく上場を迎えたときがピークだった。

2015年11月4日、郵政グループ3社は東証1部に上場した。初値は日本郵政1631円、傘下のゆうちょ銀行1680円、かんぽ生命保険2929円。3社とも売り出し価格を上回った。時価総額は計17兆円。それでも簿価に比べると割安（日本郵政の上場時PBR〈株価純資産倍率〉は0・5倍）で、株式市場はこれからへの期待を膨らませた。

しかし、株価はそこからずるずると下落した。現在の株価は日本郵政で800円台、ゆうちょ銀行で900円台、かんぽ生命で2000円台に落ち込む。初値より3～5割低い水準だ。

上場後、株価は大きく下落した —郵政グループ3社の株価—

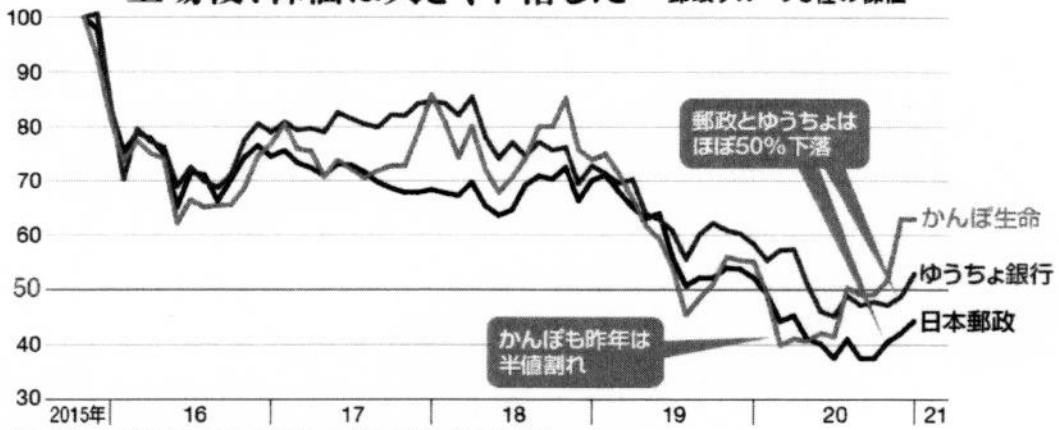

(注)上場時の株価を100として指数化。直近は2021年1月28日終値ベース

低迷の背景には、1つの逆風と、2つの失策があった。

逆風とは、上場3カ月後に始まった日本銀行によるマイナス金利政策だ。ゆうちょ銀行の運用は国債が主体のため利息収入を直撃した。

失策とは、高値づかみといわれた豪トールホールディングスの6200億円での買収である。買収から2年後の2017年に4003億円の減損を計上し、20年度にはトールの一部事業切り離しを決めた。

もう1つの失策は、19年半ばに発覚し保険商品や投資信託の営業自粛に追い込まれた不適正募集だ。

日本郵政グループは、ゆうちょ銀行とかんぽ生命で利益の大半を稼ぎ、郵便事業の低収益を支えている。しかし、上場時（16年3月期）と比べた直近の経常利益は、ゆうちょ銀行が2割減、かんぽ生命が3割減と、屋台骨が揺らぐ。

今後も超低金利が続く見込みで、ゆうちょ銀行の利息収入は苦しい。かんぽ生命は、自粛した保険販売を徐々に再開していくが、どこまで回復できるか不透明だ。物流事業も、ＥＣ（ネット通販）関連の好調はあっても、コロナ禍による広告の減少や郵便需要の落ち込みをカバーするのは難しい。

こうした状況で株主価値を引き上げるには、増収策とコスト削減策を組み合わせた、成長戦略の策定とその実行が不可欠だ。

2020年12月、外部有識者によるJP改革実行委員会で日本郵政の増田寛也社長は、次期中期経営計画の青写真を提示した。21年度からの中計で、詳細は21年5月に発表した。

掲げた成長の柱は「コアビジネスの充実・強化」「不動産事業の拡大」「新規ビジネス等の推進」の3つ。顧客からの信頼の回復に加え、成長策を実行することで、「真のトータル生活サポート企業グループ」を目指すという。

しかし、有識者の声は厳しかった。「基本的な考え方がわかりづらい」「グループがどう成長し、どう生き抜いていくのかという大きな方向性を示してほしい」「数字を明確にするべきだ」。

確かに日本郵政は都心部の郵便局など、数多くの不動産を低利用のまま保有している。東京駅前の旧東京中央郵便局を複合施設「JPタワー」へ再開発したように、有効活用による収益底上げは可能かもしれない。だが現在の日本郵政の賃貸不動産収益は年間124億円にすぎない。これを大きく伸ばすといっても、経常利益8000億円規模の日本郵政の成長戦略とするには牽引力が足りない。

新規ビジネスの拡大については「保障性商品の充実」など新たな商品展開を視野に入れる。しかし、郵政民営化法では、日本郵政がかんぽ生命株を2分の1以上保有している限り、かんぽの新規事業には政府の認可が必要となる。つまり日本郵政が64%強を出資している現状では新しい商品やサービスを柔軟に打ち出しにくい。

三菱UFJモルガン・スタンレー証券の辻野菜摘アナリストは指摘する。「医療や介護、貯蓄性商品などのラインナップが広がれば成長にはプラスだが、そのためには日本郵政からかんぽ生命への出資比率の早期引き下げが肝要だ」。

新規事業拡大のネック

しかし、その実現は容易ではない。19年4月、日本郵政はかんぽ生命株の追加売却を行った。売り出し株数は1億3667万株と当初予定より抑えたにもかかわらず、売り出し後の株価は売り出し価格を下回った。かんぽ生命の株価は、足元ではやや持ち直しているが、さらなる売却の見通しは立っていない。株価を上げるには新規事業を伸ばさなければならないが、新規事業を伸ばすには株価上昇が必要というジレンマに陥っている。

市場関係者からすると、経営体制も心もとない。「普通の金融機関であれば店舗の配置は本社が決める。統廃合などは嫌だと店舗の現場が言っても経営の決定が優先だ。しかし日本郵政の場合、現場の抵抗が政治マターになり、経営の思いどおりにいかないことがあるなど、ガバナンス面では民間企業とは異なる面がある」(辻野氏)。

郵政民営化問題に長年携わる野村修也・中央大学教授も指摘する。「郵政に一家言持っている政治家が多い。改革がいつひっくり返されるかわからないから、政治の動向を注視しないといけない」。

民営化しているとはいえ、政府が56%を出資している日本郵政は、そもそも株主価値の拡大を目指すべきなのか、という議論がつねに付きまとう。自民党内でも意見は割れ、郵政族を中心に民間企業としての成長より公益性の重視を求める声がある。対極には民営化を加速させるべきだという意見もある。その中心にいたのが菅義偉首相だ。

菅氏は2005年当時、竹中平蔵総務相の下で郵政担当の総務副大臣だった。民主党政権時代の12年には、民主・自民・公明が郵政民営化の見直し法案を共同提出したとき、菅氏は採決に欠席して反対を表明した。内閣官房長官時代の13年には日本郵政の社長を財務官僚出身者から民間人（西室泰三・元東芝社長）へ戻す人事を主導した。

菅首相の就任は20年9月だが、新聞の首相動静で確認する限り、2回は増田社長と面会している。日本郵政の成長推進に向けて、政府はどのように関与するのか。そのとき高コスト体質解消に向け聖域に踏み込み郵便局統廃合などを行えるか。経営と政治の実行力が問われる。

（西澤佑介）

成長期待の物流も難題多い

「日本郵政グループの業績の牽引役としていちばん期待しているのがコアビジネスである物流事業だ」と、増田寛也・日本郵政社長は公言する。

足元では、EC（ネット通販）の拡大で、日本郵便の宅配便「ゆうパック」の取扱個数が急増している。2020年4～9月期は5・6億個と、前年同期比で21％も増えた。「今後も速いスピードで増加すると予想される」（衣川和秀・日本郵便社長）。

しかし、急拡大故の懸念もある。「今手を打たないと5年後に安定した配送を行えるか疑問だ」と衣川社長は危機感を隠さない。

そこで打った手が楽天との提携である。20年12月25日、増田・衣川両社長、三木谷浩史・楽天社長らが登壇し、物流領域における日本郵便と楽天の戦略提携の基本合意を発表した。

三木谷社長も「コロナ禍後のECでは、物流がたいへん重要な役割を担う。いかに安定的な配送網を確立していくかが非常に重要だ」と物流の重要性を強調した。

詳細は21年3月までに詰めるが、提携で2社のデータを共有し効率的な物流を目指す。例えば楽天に注文が入った段階で、購入者・店舗の住所や、商品の大きさなどの情報を日本郵便と共有し、配送の準備を早める、など。さらに楽天が持つECの受発注データやAI（人工知能）を活用し、配送需要を事前に予測することも検討中だ。

楽天以外との協業も加速する。20年11月、フリマアプリ大手のメルカリと連携し、同社のアプリで取引した商品を郵便ポストで発送できるサービスを始めた。従来のような郵便局やコンビニエンスストアで伝票を貼る作業を省ける。

20年6月にはオプティマインドとCBcloudという物流ベンチャー2社と協業。配送業務の支援システムを試験導入した。狙いは最適な配達ルートを簡単に作り、配達員の負担を軽減すること。約200カ所の郵便局で試している。

スマートフォンで複数の荷物のバーコードを読み取れば、AIが最適な配達ルートや順序を示してくれる。日本郵便の石川憲オペレーション改革部係長は「配達員の作業時間を削減でき、荷物の処理能力が上がる」と自信を見せる。

集配人が定着しない

日本郵便がこのような物流効率化に向けての協業を急ぐのは、切羽詰まった事情があるからだ。それは大きく3つある。

まず、単価の下落だ。ECの拡大で、ゆうパックの取扱個数は増加した。が、配送単価が下落している。20年3月期に455円だった荷物1個当たりの配送単価は、20年4~9月期に425円まで7%も低下した。ECで扱う荷物の多くは、それまでのゆうパックの荷物より小さいからだ。

次に、荷物配送と並ぶ国内物流事業の柱である郵便が、ジリ貧傾向にあることだ。取扱量は2001年をピークに減少が続く。コロナ禍で企業の広告活動が鈍り、20年4~9月期の郵便物は前年同期比9・1%減、ゆうメールは同9・5%減と大

き く減少。その結果、日本郵便の20年4~9月期の郵便・物流事業は前年同期比2・8%減収、77・1%減益に沈んだ。

3つ目が深刻な人材不足である。日本郵便の社員など約1600人が加入する労働組合、郵政産業労働者ユニオンの日巻直映中央執行委員長は「労働環境が悪く、人材がなかなか定着しない。そのせいで超過勤務も増加傾向にある。物流事業を強化すると言っているにもかかわらず、こうしたボトルネックに無頓着だ」と指摘する。

あるベテラン集配人は「業務量が多すぎて昼食を取る暇もない。昼食を取れる集配人のほうが少数派だ」と嘆く。追い打ちをかけるのが郵便物の大型化だ。都内の別の集配人は「従来の郵便物ははがきや封書が大半で、郵便受けに入れるだけでよかった。しかし今ははがきなどよりサイズが大きく、受取時のサインなども必要なレターパックが倍増し、業務負荷が増している」とこぼす。

日本郵便はこうした事情に対処するべく効率化を急ぐが、さらなる難題も待ち構える。

■ EC需要を追い風に宅配便（ゆうパック）が増加
―日本郵便のゆうパック取扱個数の推移―

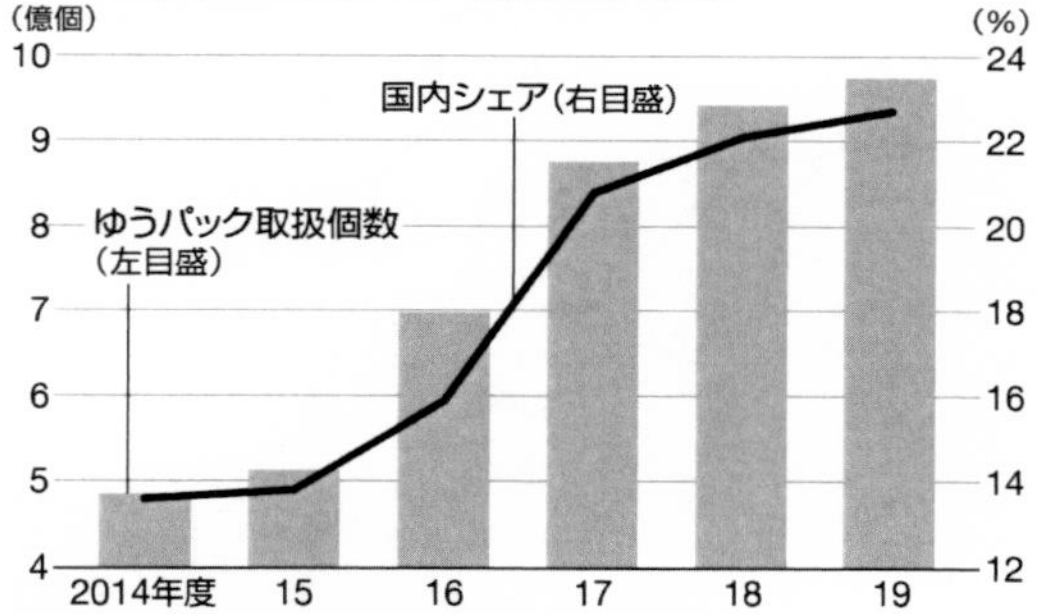

（注）2016年度以降の取扱個数はゆうパケットを含む
（出所）日本郵便、国土交通省の公表資料を基に本誌作成

■ 郵便物は年間で約2%ずつ減少している
―日本郵便の郵便物取扱個数の推移―

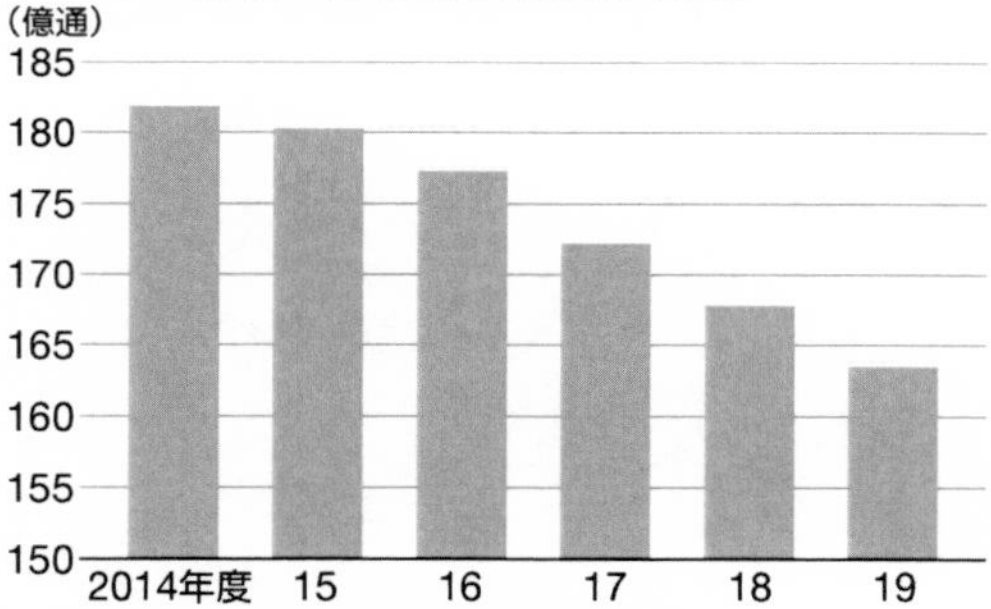

（出所）日本郵便の公表資料を基に本誌作成

立ちはだかるヤマト運輸

成長するEC荷物をめぐっては、獲得競争が熾烈だ。とくに、宅配便首位のヤマト運輸が猛攻勢をかけている。

20年10月、メルカリの配送を担うサービスで、両社の明暗が分かれた。最小サイズの荷物を運ぶ配送料について、日本郵便の「ゆうパケット」が200円へ値上げしたのに対し、ヤマトの「ネコポス」は175円へ値下げしたのだ。

ヤマトは大口荷主の囲い込みも加速する。20年6月、EC事業者向けの新配送サービス「EAZY（イージー）」を開始。利用者・EC事業者・配送事業者を、リアルタイムのデジタル情報でつなぎ、利便性や効率性を向上させる。メルカリ、ZOZO、アスクル、ニッセンホールディングスがすでに導入している。日本郵便と楽天の提携を先取りしたような動きだ。

ヤマトだけではない。EC最大手のアマゾンは、個人ドライバーや中小配送事業者への配送委託を進め、自前の物流網を拡充している。提携した楽天も、同様の動きを始めている。EC全体の荷物が増えても、日本郵便が取り込める量はその一部に限られるおそれがある。

また、単価の先行きも厳しい。2017年10月、ヤマトが配送料を値上げしたことで、ヤマトから日本郵便へ配送業者を切り替える動きがあった。実際に切り替えたEC事業者の担当者は「時間指定など配送品質が求められる荷物は今もヤマトに委託したままだ。日本郵便だと不安がある」と明かす。別の物流代行サービス企業幹部も「今、日本郵便に配送を委託しているのは、単純にヤマトや佐川急便と比べて配送料が安いからだ」と語る。日本郵便は価格競争をしない方針だが、荷主からの値下げ圧力が厳しい中、単価引き上げは困難だ。

協業などで効率化や配送品質の向上をどこまで実現できるか。熾烈な競争が続く中、日本郵便が日本郵政グループの成長の牽引役となるための難題は多い。

（佃　陸生）

眠る不動産「2・7兆円」の行方

靖国神社(東京都千代田区)の裏手に、古びた3棟のマンションがある。100世帯以上を収容できる住宅群の正体は日本郵政の社宅「富士見郵政宿舎」だ。背後には三井不動産が2014年に開発したタワーマンションがそびえる。当時の分譲価格は坪400万円超。一等地の活用法としては三井に軍配が上がる。

日本屈指の大地主

日本郵政は日本屈指の「大地主」だ。郵便局、営業所、荷役所、社宅……。そのほとんどを自前で保有し、土地と建物の簿価はグループ全体で約2・7兆円にも上る。

最大手不動産会社の三井不動産や三菱地所にも比肩する規模だ。

一方で、直近決算でのＲＯＡ（総資産利益率）はわずか０・２％と、規模に見合った収益貢献があるとは言いがたい。東京メトロ青山一丁目駅からすぐの場所に立つ赤坂郵便局。見上げると、局舎の上に住宅が存在することに気づく。これも数ある社宅の１つ「赤坂郵政宿舎」だ。１９７３年の建設当時は局舎の有効活用事例としてもてはやされたが、今となっては宝の持ち腐れだ。

社宅に限らず、保有不動産は遊休化が著しい。柱の郵便事業は１９８４年以降、鉄道からトラック輸送へ切り替わり、物流の軸がインターチェンジ付近へとシフトした一方、従来の配送拠点は駅前に残ったまま。既存施設内でも郵便物の減少を受けて遊休スペースが生まれている。加えて郵便局は荷物の仕分けといった平面作業が中心のため、容積率を消化し切れていない。

不動産の有効活用は喫緊の課題だ。日本郵政の２０年3月期の経常利益８６４４億円のうち、約８割をゆうちょ銀行とかんぽ生命保険が稼いだ。だが郵政民営化法にのっとり、将来的に金融2社の全株を処分しなければならない。そこで金融に代わる収益柱として、不動産事業が有望視されている。

では、これまでの動きはどうだったか。日本郵政は２００７年の民営化を機に、グループ各社の不動産を一元管理する「ＣＲＥ（企業不動産）部門」を新設。１１年には三菱地所の代表取締役専務だった長島俊夫氏を副社長に迎えた。

その後、大型郵便局を中心に建て替えに着手する。１２年に旧東京中央郵便局を「ＪＰタワー」に、１５年に旧名古屋中央郵便局を「ＪＰタワー名古屋」に建て替えるなどして、賃貸収入を伸ばしてきた。

１８年４月には不動産事業を担う子会社、日本郵政不動産を設立。トップには元三井不動産販売社長の岩崎芳史氏が就いたほか、従業員約５０人のうち「１０人くらい、外部人材に来てもらった」（長門正貢社長、当時）。

日本郵政の不動産には同業他社も触手を伸ばす。２０年１２月に日本郵政不動産と共同でオフィスビルを開発したヒューリックは、「日本郵政グループ全体で保有する豊富な物件や資金力は魅力だ」と、さらなる連携に意欲を示す。一等地の開発が一巡しつつある中、眠り続ける不動産は好機に映る。

　こうして現在進捗している主な開発案件が次図だ。蔵前や五反田など単独での開発のほか、虎ノ門・麻布台は森ビルと、名古屋栄は三菱地所などと共同で進める。賃貸面積の増加や収益物件の売却などを通じて、不動産事業の営業収益を20年度の330億円から27年度をメドに1000億円規模にまで伸ばす考えだ。

郵便局の建て替えが中心

—現在進行中の主な不動産開発—

（出所）日本郵政

■約2.7兆円もの固定資産を保有

—日本郵政グループの保有不動産内訳—

	土地	建物	主な内訳
日本郵便	1兆3005億円	9585億円	本社・支社（14カ所）、郵便局（2万0074局）、寮役所、店舗など
ゆうちょ銀行	672億円	790億円	本社・エリア本部（14カ所）、支店・出張所（234カ所）
かんぽ生命	478億円	417億円	本社・エリア本部（14カ所）、支店（82カ所）
日本郵政グループ全体	1兆5381億円	1兆1331億円	JPタワー、KITTE、かんぽの宿、ホテルメルパルクなど

（注）2020年3月末時点　（出所）有価証券報告書

収益化できる地は限定的

だが、道のりは決して平坦ではない。成長の原動力となる保有不動産2・7兆円のうち、実際に収益を生み出せる土地は限られているためだ。

熊本城の東側に立つ「日本郵政グループ熊本ビル」。道を挟んで向かい側に広がる約2500平方メートルの土地は、現在駐車場として運営されている。「ポスパーク熊本オークス通り」という名のとおり、土地は日本郵政の所有だ。

熊本をめぐっては、かねてオフィスビルなど再開発の余地が模索されてきた。だが建築費の高騰やビル賃料の伸び悩みから事業採算性が厳しく、長らく駐車場が最適解となっている。熊本に限らず、地方部は賃料やテナント需要の低迷により開発の動きが鈍い。

都市部の再開発も安泰とはいえない。大阪駅のすぐそばで進む梅田3丁目計画は、19年に「再始動」した案件だ。もともとは旧大阪中央郵便局の建て替え事業として進んでいたが、リーマンショックによる不動産市況の低迷を受け、10年に凍結。以来、イベント会場の「西梅田スクエア」として暫定利用が続いていた。

コロナ禍も試練となる。日本郵政が東京・汐留に保有する土地も、熊本と同様、駐車場「ポスパーク汐留」として利用されている。もともとは22年秋をメドにホテル開発を計画し、建物の設計も進めていたが、コロナ禍で一転して白紙となった。

収益性が見込める事業でも、日本郵政に法律で課された「ユニバーサルサービス」が足かせとなる。津々浦々に平等にサービスを提供するという義務は、裏を返せば郵便局の改廃など利便性を著しく損なう開発をしにくくする。

ノウハウの蓄積も道半ばだ。日本郵政不動産の従業員数は20年4月時点で118人。「仲介業者や信託銀行など、不動産関連の人材を積極的に採用している」(大手デベロッパー)ためか、人員は設立当初から倍以上に増えたものの、同業他社には遠く及ばない。

17年には野村不動産ホールディングス買収をもくろんだが、同時期に発表された子会社である豪トール社の巨額減損の影響もあってか断念。さらに現在は「かんぽ問題に経営資源を奪われ、不動産開発どころではない」(別の大手デベロッパー)。希望の星だった不動産事業は、再び眠りに就くリスクと隣り合わせだ。

(一井　純)

「役所体質」が抜けていない

JP改革実行委員会委員　中央大学法科大学院教授・野村修也

郵政民営化というのは非常に難敵で大変なものです。何が難敵かというと、1つは、元が公務員という出自であり、社風自体の改革が非常に難しいということ。そしてもう1つが、政治との距離を見誤るとちゃぶ台返しがあるということです。

一気に民営化しようとしても、役所時代に培われた文化が変わるわけではありません。その変化を嫌う人たちが大義として持ち出すのがユニバーサルサービスです。日本中、津々浦々に郵便物を届けるために、私たちは郵便局ネットワークを社会的な公器として運営している、という大義を持ってくれば、自分たちは通常の民間企業とは違いますよ、という議論がどうしてもできてしまう。ユニバーサルサービスをビジネスの強みに変えようなどといった逆転の発想は、なかなか出てこないわけです。

ガバナンスも特異です。豪トール社の買収のプロセスを振り返ると、ガバナンスの問題点が浮き彫りになります。民間企業として確実にやるべき手続きとか普通の意思決定が、ないがしろにされてしまった。やはり役所ですよね。取締役会が審議会みたいな形で運営されていて、ガバナンスが利かなかった。会議の段取りを事前にするのが仕事と思い込んでいる役人気質の人が、業務執行を厳しく監督する場所というよりは、お墨付きを与える場所として取締役会を仕切ってしまい、せっかく集めた社外の人材を生かせませんでした。

現場と経営陣との間の溝

内部統制も独特です。日本郵政グループでは現場と経営陣との間が、うまくいっていない。誰が本当の権限を持っているのか、疑心暗鬼になっている。全国郵便局長会の影響力を踏まえ、その人たちにいい顔をしていることが自分にとって正しい選択なのか。それとも普通の企業のように、経営陣のほうに忖度するピラミッド型の構造、普通の会社のビヘイビアでいいのか。さらには政治が絡んでくるので、なおさらよくわからない。逆に労働組合が強い力を持つと、労組がどこかと手を握ってしまった途端に、経営陣というのはお飾りになる危険性すらある。

現場の人たちの目線で発言をすると、ハレーションが起こる。現場目線で見るという民間では当たり前の感覚を上の人たちが持っていないので、必要以上に拒絶反応を起こす。現場が悲鳴を上げている原因が管理者側にあることを理解せず、うまくいかないのを現場のせいにしてしまう。この発想を転換しないと、組織に一体性が出てきません。

役人のままでいたかった人もいます。もともと社会貢献を重視するタイプだからこそ役所に勤めた人も多い。メンタリティーがもともと違う。収益目標を持って、みんなで営業成績を上げましょうということに対して、あまり興奮しないどころか、どこかいかがわしく感じてしまうのかもしれません。

しかし、今やビジネスは大きく変化しています。営利事業と社会貢献活動は二律背反のものではなく、社会課題の解決の中からビジネスを生み出していく共通価値の創造（CSV）という発想が主流になっているからです。多くの企業がSDGs（持続可能な開発目標）を標榜し、多くの投資家がESG（環境・社会・ガバナンス）の観点を重視している。

こうした企業社会の変化は、日本郵政グループにとってはチャンスのはず。公務員気質は社会課題を発見しその解決策を提示する力になります。自分の中にある公共性への感度のよさを生かして自信を持って働いてもらうことができれば、日本郵政グループは時代の上昇気流に乗れるはずです。

境界の明確化が大事

もう1つの難敵は政治との距離です。つねに政治に注意していないと、いつひっくり返されるかわからない。一家言持っている人たち、自分が中心となって日本の郵便を維持管理してきたという強い思いを持っている政治家が今でもたくさんいるわけです。

民間的な形にしようとしていた当初は、任せるということだったけど、いつの間にか、「我慢ならん」といって、手を突っ込もうとする人が出てくる。ちゃぶ台をあっという間にひっくり返されてしまうという不安定さがある。

裏を返せば、票田だからということも、もちろんあるのですけれど、ウィンウィン、蜜月の関係で続いてきた人たちがいつ、どういう形で介入してくるかわからないので、そこをつねに見ていなければならない。純粋な民間人が郵政の経営に入っていくと、つねにそこで足をすくわれる。逆に公務員の人たちを集めてしまうと、民間としての発想が一気に乏しくなって、収益性は二の次、働き方改革はいっさいなしという感じになりますよね。

非常に難しい舵取りを求められるので、つねにこっちへ行ったり、あっちへ行ったり。これが日本郵政グループの歴史だったのではないかと感じます。その中で、どう当初の目的を実現していくのかは、本当に難しい課題だと思います。

大事なことは、ガバナンスの基本としては、普通の民間企業と違って、どこが政治の関わるべき問題で、どこがいわゆる通常のコーポレートガバナンスの領域なのか、デマケーション（境界）をはっきりさせること。そのうえで、ガバナンス改革を徹底することで、会社が自律的に運営すべき部分に不用意な政治介入が生じないようにすることが大事です。取締役会でモニタリングをしながら、執行者が執行していく。執行と監督を分離しながら社外取締役がしっかりと監視していくという、最近のガバナンス改革の流れに即した構造改革が求められます。

民間企業っぽくなっていこうとすると、中から「嫌だ」という声が当然上がってきますよね。もともと役所から来ている人たちの中にも、なじまない文化の人たちがたくさんいるわけです。こんなことをやり続けていたら郵便局ネットワークが崩壊しますよ、という大義をいつも持っているので、そのボタンを押せば、必ず人が入ってきてストップがかかることをわかっているわけです。政治のほうが主導的に入ってくるというよりもむしろ、泣きつくから政治が入ってくるので……。泣きついている人たちが、なぜ泣きつくのかということですね。それは純粋に民間的な事柄を導入することに対して、つねに抵抗感があるからです。

まずいちばん願いたいのは、現在の首相はもともと郵政民営化のときの総務相だから、問題をよくご存じなわけなので、だからこそ首相のリーダーシップでデマケーションを。どこからが政治に民主的な統制をしてもらわなくてはいけない部分で、どこからがビジネスジャッジメントなのかをきっちり分けて、郵政の経営体制を守ってもらわないといけない。

（構成・山田雄一郎）

野村修也（のむら・しゅうや）
1985年中央大学法学部卒。98年中大教授。2002年金融問題タスクフォース・メンバー。2004年中大法科大学院教授。06年、増田寛也現社長とともに郵政民営化委員会の初代委員。20年JP改革実行委員会委員。

【週刊東洋経済】

本書は、東洋経済新報社『週刊東洋経済』2021年2月13日号より抜粋、加筆修正のうえ制作しています。この記事が完全収録された底本をはじめ、雑誌バックナンバーは小社ホームページからもお求めいただけます。

小社では、『週刊東洋経済eビジネス新書』シリーズをはじめ、このほかにも多数の電子書籍ラインナップをそろえております。ぜひストアにて「東洋経済」で検索してみてください。

『週刊東洋経済eビジネス新書』シリーズ

No.345　資産運用マニュアル

No.346　マンションのリアル

No.347　三菱今昔　150年目の名門財閥

No.348　民法&労働法　大改正

No.349　アクティビスト　牙むく株主

No.350　名門大学　シン・序列
No.351　電機の試練
No.352　コロナ時代の不動産
No.353　変わり始めた銀行
No.354　脱炭素　待ったなし
No.355　独習　教養をみがく
No.356　鉄道・航空の惨状
No.357　がん治療の正解
No.358　事業承継　M&A
No.359　テスラの実力
No.360　定年消滅
No.361　激動の半導体
No.362　不動産　勝者と敗者
No.363　弁護士業界　最前線

No.364　ＹｏｕＴｕｂｅの極意
No.365　デジタル大国　中国
No.366　地銀　大再編
No.367　おうちで稼ぐ！
No.368　老後マネーの育て方
No.369　製薬　大リストラ
No.370　リスクシナリオ　２０２１
No.371　富裕層マル秘マネー学
No.372　コロナ時代の新住宅事情
No.373　日立・三菱重工の岐路
No.374　脱炭素サバイバル

週刊東洋経済eビジネス新書　No.375
郵政崩壊

【本誌（底本）】
編集局　山田雄一郎、佃　陸生、藤原宏成、梅垣勇人ほか
デザイン　池田　梢、小林由依
進行管理　三隅多香子
発行日　2021年2月13日

【電子版】
編集制作　塚田由紀夫、長谷川　隆
デザイン　大村善久
表紙写真　尾形繁文
制作協力　丸井工文社

発行日　２０２１年１１月１１日　Ver.1

発行所　〒１０３‐８３４５
東京都中央区日本橋本石町１‐２‐１
東洋経済新報社
電話　東洋経済コールセンター
０３（６３８６）１０４０
https://toyokeizai.net/

発行人　駒橋憲一

電子書籍化に際しては、仕様上の都合などにより適宜編集を加えています。登場人物に関する情報、価格、為替レートなどは、特に記載のない限り底本編集当時のものです。一部の漢字を簡易慣用字体やかなで表記している場合があります。本書は縦書きでレイアウトしています。ご覧になる機種により表示に差が生じることがあります。

本書に掲載している記事、写真、図表、データ等は、著作権法や不正競争防止法をはじめとする各種法律で保護されています。当社の許諾を得ることなく、本誌の全部または一部を、複製、翻案、公衆送信する等の利用はできません。

もしこれらに違反した場合、たとえそれが軽微な利用であったとしても、当社の利益を不当に害する行為として損害賠償その他の法的措置を講ずることがありますのでご注意ください。本誌の利用をご希望の場合は、事前に当社（TEL：03-6386-1040もしくは当社ホームページの「転載申請入力フォーム」）までお問い合わせください。

※本刊行物は、電子書籍版に基づいてプリントオンデマンド版として作成されたものです。